通用财经系列

电子商务

黄钟颖 主编

 复旦大学出版社

前　言

18世纪以来，人类经历了三次工业革命，获得了颠覆性的科技革新，带来社会生产力的大解放、社会经济结构的大调整和人民生活水平的大跃升。如今，世界正在以更快的速度进入更大范围、更深层次的第四次工业革命，人、机和资源间发展智能互联，为达到更加高效和环境友好型的社会经济发展提供了重要机遇。

2024年7月，党的二十届三中全会明确提出"要健全因地制宜发展新质生产力体制机制"。要抓住这轮新工业革命的宝贵机遇，发展新质生产力，实现经济发展动力转换，解决我国制造业大而不强、自主创新能力弱等问题，从而迈向伟大的民族复兴。我们正身处技术、经济和社会高质量发展的洪流中，迫切需要提升对电子商务新技术、新业态的全方位认知，知行合一，以求更好的个人发展和社会贡献。为此编写本书，希望能为读者提供一张电子商务的宽画幅知识导图。

全书共九章，较系统地分模块介绍了电子商务的发展历程、模式框架、技术变革和新生业态等方面内容。章内配有引入阅读和扩展阅读材料，以帮助读者了解更多技术应用和业界现状。每章课后提供探讨案例和调研课题，以辅助读者拓展知识层面和提升研究能力。

本书可作为高等院校电子商务教材，也可作为各类商务工作者自学或培训用书。

在本教材编写过程中，编者参阅了大量国内外相关著作、文献、教材和业内人士论点，在此谨向所有前辈作者表示诚挚的感谢。当下，全球的新技术、新方案、新模式层出不穷，让人应接不暇，编者能力水平有限，存在的疏漏与不足，恳请各位读者专家指正。

编者
2024年7月

目　　录

第一章　电子商务概述 ·· 1
　第一节　电子商务的概念 ·· 3
　第二节　电子商务的发展及影响 ·· 10

第二章　电子商务模式与框架 ·· 19
　第一节　电子商务模式 ·· 20
　第二节　电子商务的框架和系统结构 ··· 27

第三章　电子商务法律与税收 ·· 36
　第一节　电子商务法律概况 ·· 36
　第二节　我国电子商务的法治建设 ·· 41
　第三节　电子商务税收 ·· 47

第四章　电子商务技术基础 ··· 56
　第一节　电子商务技术概况 ·· 57
　第二节　互联网 ·· 61
　第三节　数据库 ·· 68
　第四节　数字签名 ··· 74

第五章　数字技术应用 ·· 82
　第一节　电子数据交换 ·· 83
　第二节　射频识别技术 ·· 86
　第三节　地理信息系统 ·· 88
　第四节　全球定位系统 ·· 94

第六章　进阶的科技生态 ········· 101
- 第一节　云计算 ········· 103
- 第二节　物联网 ········· 107
- 第三节　大数据 ········· 109
- 第四节　人工智能 ········· 112
- 第五节　区块链 ········· 115

第七章　企业的数智化 ········· 124
- 第一节　企业信息化管理 ········· 126
- 第二节　企业资源规划 ········· 129
- 第三节　智慧企业 ········· 136
- 第四节　智慧财务 ········· 141

第八章　商业新态 ········· 148
- 第一节　新零售 ········· 150
- 第二节　跨境电商 ········· 155
- 第三节　移动电商 ········· 161

第九章　数智化社会 ········· 170
- 第一节　金融科技 ········· 172
- 第二节　智慧物流 ········· 176
- 第三节　新媒体 ········· 181

参考文献 ········· 190

第一章　电子商务概述

 引入阅读

"灯塔工厂":自动化+大数据如何盘活百岁酒厂

"灯塔工厂"被视为第四次工业革命的领路者。第四次工业革命,又称工业4.0,是德国在2013年的汉诺威工业博览会上提出的概念。世界在经历蒸汽时代、电力时代和信息化时代后,正在迈入一个更加智能化的时代,其中涉及的关键技术包括云计算、人工智能、量子技术、3D打印、5G等。第四次工业革命的核心是智能制造与万物互联,而"灯塔工厂"就是第四次工业革命的产物与优秀践行者(见图1-1)。

图1-1 "灯塔工厂"

"灯塔工厂"由达沃斯世界经济论坛和麦肯锡咨询公司共同遴选,主要评判标准是工厂在运用第四次工业革命技术来提升经济和运营效益方面取得的成就。

青岛啤酒厂拥有悠久的酿酒制造历史,它的前身是1903年创建的日耳曼啤酒公司青岛股份公司。时至今日,青岛啤酒的品牌价值已经高达1793亿元,连续17年位居中国啤酒行业龙头,同时位列世界品牌500强。2021年,"118岁高龄"的青岛啤酒厂在第四次工业革命的浪潮中焕发新生,被评选为最新一批"灯塔工厂"的成员,更是世界首家啤酒饮料行业的"灯塔工厂"。

人工智能与大数据分析技术的引入解决了人工验酒的痛点。

首先,在原有的人工验酒工序中,验酒工人需要全神贯注地盯着每一瓶下线的啤酒,这样的方式一方面效率低、人工成本高,另一方面错误率高,尤其是在工人长时间工作过后。而在引入小区域磁浮电机和高精准定位等技术后,机器可以在每秒生产60瓶啤酒的高速生产线上准确无误地识别缺陷啤酒,极大程度地在验酒工序环节实现了降本增效。

其次,青岛啤酒厂在啤酒包装工序上同样引进了先进的包装设备,通过数据驱动技术实现了智能化和自动化。如今员工只需要在设备上进行简单的界面化操作即可轻松完成包装任务,让整条生产线的效率提升了30%。

最后,数据驱动的技术还在包装定制、生产组织等方面都发挥了重要作用,让生产过程中的数据要素充分流动起来,使传统的工业生产过程发生了深层次的转变。"人单合一"生态平台,是具有中国自主知识产权的工业互联网平台,为企业提供智能化转型升级解决方案,联合各方资源缔造共创共享、面向未来的物联网新生态。这样一个工业互联的"孵化器",会促进中国本土"灯塔工厂"继续破土而出。

自动化、数字化、智能化,是"灯塔工厂"最显著的特点。要蜕变为"灯塔工厂",需要对产业有明确的价值创造。

一是推进全价值链数字化,大规模采用前瞻新技术,实现从研发、采购、制造、物流、供应链到客户服务数字化。

二是实现有效制造,致力于提升制造成本、生产效率、能耗水平、上市速度等关键运营指标。

三是使技术可推广复制,帮助其他工厂进行生产、管理、研发的转型升级,助力产业链智能化。

四是坚持低碳可持续发展,构建绿色增长的新引擎。

大浪淘沙,第四次工业革命对于企业来说既是机遇也是挑战。在双碳政策和国际经济市场通胀的大环境下,那些高技术含量、高附加值的制造企业可以生存下来,而那些高能耗、低产值、扩充产能来维持利润的企业将举步维艰。

(资料来源:https://www.163.com/dy/article/HF04C5QJ0511DTU9.html)

电子商务已成为21世纪社会与经济发展的核心动力,它不仅改变我们的商业环境,还带来了一场技术与社会革命,其影响远超商务活动本身,给社会生产、管理,人们的生活、工作,政府组织和职能、法律体系和制度以及教育文化都带来了深刻变化。本章将介绍电子商务的概念、发展阶段和影响。

第一节　电子商务的概念

什么是电子商务?学术界没有全面统一的定义。电子商务是一个业界先行的应用领域,其专业知识体系的建设从20世纪90年代才开始,该理论体系的建立归功于多方实践的抽象和总结,并不断发展。

一、电子商务的概念

电子商务的研究和实践者们,根据对电子商务理解的侧重点不同,从不同的角度审视电子商务,给出了各自关于电子商务的理念和表述。

(一) 电子商务的定义

根据电子商务定义表述方的不同,可将电子商务的定义分为三大类,即权威学者的定义、著名企业的定义以及国际组织和团体的定义。下面分别列举代表性的电子商务的定义,然后汇总各方观点,从而得出电子商务的较普遍定义。

1. 权威学者的定义

在早期的电子商务研究中,许多学者从不同的角度提出了不同的定义。其中,较权威的有美国学者卡拉科塔(Ravi Kalakota)和惠斯顿(Andrew B. Whinston)在1996年出版的《电子商务的前沿》中给出的定义:"广义地讲,电子商务是一种现代商业方法。这种方法通过改善产品和服务质量、提高服务传递速度,满足政府、组织、厂商和消费者降低成本的要求。这一概念也用于通过计算机网络寻找信息以支持决策。一般地讲,今天的电子商务通过计算机网络将买方和卖方的信息、产品和服务联系起来,而未来的电子商务则通过构成信息高速公路的无数计算机网络中的一个将买方和卖方联系起来。"

国内,李琪教授在1997年出版的《中国电子商务》中定义:"广义的电子商务定义,是指电子工具在电子商务活动中的应用。电子工具包括从初级的电报、电话到NII互联网等工具。现代商务活动是从商品的需求活动到商品的合理、合法的消费除去典型的生产过程后的所有活动。狭义的电子商务定义,是指在技术、经济高度发达的现代社会里,掌握信息技术商务规则的人,系统化运用电子工具,高效率、低成本地从事以商品交换为中心的各种活动的全过程。"

2. 著名企业的定义

国内外一些著名的信息技术公司根据自己在电子商务发展过程中所处的地位和业务竞争的需要,也提出了各自的电子商务的理念和定义,较有代表性的有以下几个。

(1) IBM 公司的电子商务定义。IBM 在 1997 年提出电子商务概念时,将电子商务诠释为"电子业务",即 E-Business＝Web＋IT,强调的是用 Internet 技术进行的关键业务流程转型。

(2) Intel 首先提出 E-Commerce,认为:电子商务＝电子市场＋电子交易＋电子服务,概念集中于电子交易,强调企业与外部的交易与合作。

(3) 搜狐公司认为电子商务将全球市场由网络连接起来,形成与地域、空间无关的一体化市场。商家、消费者、金融机构通过电子手段进行的业务往来、在线支付等一系列贸易活动均称为电子商务,电子商务是一种新的商业模式。

3. 国际组织和团体的定义

(1) 美国《全球电子商务纲要》指出,电子商务是指通过 Internet 进行的各项商务活动,包括广告、交易、支付、服务等活动,电子商务将会延伸至全球每个角落。

(2) 国际商会世界电子商务会议(1997 年 11 月在巴黎召开)认为:电子商务(Electronic Commerce)是指对整个贸易活动实现电子化。

(3) 欧洲议会给出的定义:电子商务是通过电子方式进行的商务活动。它通过电子方式处理和传递数据,包括文本、声音和图像。它涉及许多方面的活动,包括货物电子贸易和服务、在线数据传递、电子资金划拨、电子证券交易、电子货运单证、商业拍卖、合作设计和工程、在线资料、公共产品获得。它包括了产品(如消费品、专门设备)和服务(如信息服务、金融和法律服务)、传统活动(如健身、体育)和新型活动(如虚拟购物、虚拟训练)。

(4) 世界贸易组织(WTO)认为:电子商务就是通过电信网络进行的生产、营销、销售和流通活动,不仅指基于 Internet 的交易,而且指所有利用电子信息技术来解决问题、降低成本、增加价值和创造商机的商务活动,包括通过网络实现从原材料查询、采购、产品展示、订购到出品、储运以及电子支付等一系列的贸易活动。

综上定义所述,电子商务的定义可归纳为狭义和广义的概念。

狭义的电子商务(E-Commerce)也称电子交易,就是买卖交易的电子化。它是指交易双方从收集信息、贸易洽谈、签订合同、货款支付到电子报关,不需要当面接触,均可以运用电子化手段进行,主要是指利用 Web 提供的通信手段在网上进行,包括通过互联网买卖产品和提供服务。产品可以是实体化的,如书籍、电子产品,也可以是数字化的,如新闻、软件、电影或音乐等;此外,还可以提供各类服务,如安排旅游、远程网络教育、各种在线咨询等。除了网上购物,电子交易还大大改变了产品的定制、分配和交换的手段。

而对于顾客,查找和购买产品乃至享受服务的方式也大为改进。专门从事电子交易的企业为电子商务企业。

广义上的电子商务(E-Business)还包括企业内部商务活动,如生产、管理、财务等,以及企业之间的商务活动,它不仅仅是硬件和软件的结合,更是把买家、卖家、厂家和合作伙伴在互联网、企业内部网和企业外部网上利用互联网技术与现有的系统结合起来开展业务活动的综合系统。

因此,E-Commerce 集中于电子交易,强调企业与外部的交易与合作;而 E-Business 则扩大了狭义概念的涵盖范围,两者的关系如图 1-2 所示。

图 1-2　E-Commerce 和 E-Business 的关系

(二) 电子商务的内涵

电子商务的本质是"商务",是在电子基础上的商务。完整的电子商务内涵主要包括以下五个方面。

1. 电子商务的前提条件

电子信息技术特别是互联网技术的产生和发展是电子商务的前提条件。从本质上讲,电子商务是一组电子工具(如电子数据交换、电子邮件、条码、智能卡等)在商务活动过程中的应用。应用的前提和基础是完善的现代通信网络和人们的思想意识的提高及管理体制的转变。因此,电子商务的开展是以现代信息技术和网络技术的产生和发展为前提的。

2. 电子商务的核心

掌握现代信息技术和商务理论与实务的人是电子商务的核心。首先,电子商务是一个社会系统,它的中心必然是人;其次,在电子商务活动中,虽然强调工具的作用,但归根结底,电子工具的系统化也只能靠人,而且从事电子商务的人必须是既掌握现代信息技术又掌握现代商务技能的复合型人才。

3. 电子商务的基础

系列化、系统化的高效电子工具是电子商务活动的技术基础。从系列化讲,强调电子工具应该是伴随商品生产、消费甚至是再生产的全过程的电子工具。从系统化讲,强调商品的需求、生产、交换要构成一个有机整体,构成一个大系统,这样的工具主要有:局域网、城域网和广域网等。

4. 电子商务的对象

各种商务活动是电子商务的对象。电子商务是以信息技术为基础的商务活动,是网络经济时代兴起的一种新的商务活动形式,代表了商务运作发展的主流方向。

电子商务的对象由商务环境、商务作用对象、商务流程以及信息流、商流、资金流、物流等基本要素构成。

(1) 电子商务的商务环境。电子商务的商务环境是指电子商务参与者进行交易及其他商务活动的场所,即网络环境及商务信息系统,如互联网、内联网、外联网及各种信息处理系统。这里的网络环境包括网络技术环境、网络人文环境,如法律法规、信用安全等。

(2) 电子商务的作用对象。电子商务的作用对象是指能够从事电子商务的客观对象,包括企业、消费者和政府等。

(3) 商务流程。商务流程是指电子商务参与者从事的具体商务内容,即利用网络、信息手段所要解决的现实问题,这些问题在借助网络、信息手段后会得以简化,加快处理速度,提高处理水平及处理效率。

(4) 信息流、商流、资金流、物流。电子商务中的任何一笔交易、一项流程的完成都可能包含着若干个商务事件。在任何一个商务事件的处理过程中,都可能包含四种基本的流形态:信息流、商流、资金流、物流。

信息流是指各类信息从发布者到接收者之间的流动,既包括商品信息的提供、促销行销、技术支持、售后服务等内容,也包括如询价单、报价单、付款通知单、转账通知单等商业贸易单证,还包括交易方的支付能力、支付信息等。

商流是指用户在选定商品以后,提出购买清单,而商家对用户的购买行为进行确认和回复过程中的信息交换,即产品的所有权从交易的一方向另一方的流动转移。

资金流是指资金在交易双方之间的划转过程,包括付款、转账等过程。资金流可以在线地实现流动,也可以采用离线传统方式实现。

物流是指物质实体从供应者向需求者的物理移动。它不仅包括配送活动,还包括运输、存储、包装、装卸、流通加工、物流信息管理等多项活动。按照物质实体是否有形,还可以把物流分为在线完成和离线完成。

研究电子商务,既要对上述各因素进行单独研究,又要研究它们相互之间的关系,从而使上述各因素互相协调发展,相互促进,共同为电子商务的发展协同工作。

二、电子商务的功能与特点

(一)电子商务与传统商务

1. 传统商务及其局限性

传统商务是指社会的某一成员创造有价值的物品,这种物品是其他成员所需要的,通过商务活动也就是至少有两方参与的有价物品或服务的协商交换过程来完成商品的交换。在传统模式下,商务活动往往采取面对面直接交易或纸面交易的物理方式来进行,即以直接或间接的物理交换或物理接触来完成业务交易,这是传统商务的运作特点。

由于传统商务活动大部分依靠面对面及书面文档传递方式为主,使传统商务具有信息不完善、耗费时间长、花费高、库存产品积压、生产周期长、客户服务有限等局限性。

2. 电子商务与传统商务的区别

电子商务利用现代信息技术将传统商务活动中的物流、资金流、信息流的传递方式进行整合,以电子方式实现贸易数据和资料的交换,从而达到提高贸易伙伴之间商业运作效率的目的。电子商务与传统商务的区别如表1-1所示。

表1-1 电子商务与传统商务的区别

交易效率高	电子商务可以采用标准化商业数据报文,使商业数据报文的传递在全世界瞬间完成,无须人为干预,所有数据能自动完成。电子商务克服了传统商务中费用高、易出错、处理速度慢等缺点,极大地缩短了交易时间,使整个交易过程变得更加快捷与高效
交易虚拟化	在电子商务交易过程中,所有的经济资源并没有以其传统的物化形式出现,而是被虚拟地表示为二进制形式。在电子化过程中,无论是电子货币、电子提单,还是软件商品,均是以数字二进制形式被存储的。这些数字以一定的方式组合成信息后,可以表示成相应的含义和价值
交易方式透明化	由于整个交易过程是在网络上进行的,所有交易过程(包括洽谈、签约以及货款的支付、交货通知等)的各种信息必须符合相应的规范和标准,才能实现各个系统的交易快捷和畅通。因此,合作伙伴及管理机构之间的各个系统数据必须随时审计和核对,才能保证数据的真实化,且整个交易过程是十分透明的
交易成本低	随着信息处理技术的进一步加快,自动化程度进一步提高,很多商业信息以电子化的形式出现,使商业业务运作可以以前所未有的方式进行,因此可以大大降低交易成本,提高经济效益

(二) 电子商务的功能

1. 电子商务基本功能

电子商务基本功能按照其功能目标来划分,可以概括为内容管理、协同处理与交易服务三大类。三类基本功能可见表1-2。

表1-2 电子商务的基本功能

内容管理	内容管理是指借助信息技术,协助组织和个人,实现内容的创建、存储、分享、应用、更新,并在企业、个人、组织、业务、战略等方面产生价值的过程。其内容主要包括三个方面:信息沟通的渠道与信息的分布、信息服务和信息的安全
协同处理	协同处理是指能支持不同组织、不同部门、不同群体人员的协同工作,它通过通信系统、自动处理业务流程系统、管理信息系统、内部网和外部网协同业务活动,提高企业的工作效率,降低企业交易的成本
交易服务	交易服务即电子方式下的买卖活动,具体包括四个方面的应用:市场与售前服务、销售服务、客户服务、电子货币支付。电子商务的交易服务过程同普通贸易过程一样,也分三个阶段:交易前、交易中和交易后。在交易过程中,它涉及三个方面的内容:信息交换、电子数据交换和电子资金转账

2. 电子商务交易功能

电子商务利用互联网对传统的商业交易功能进行改造与扩展,其交易功能包括广告宣传、咨询洽谈、网上订购、网上支付、电子账户、服务传递、意见征询、交易管理等多项,如表1-3所示。

表1-3 电子商务交易功能

广告宣传	广告宣传是电子商务的基本功能之一,主要是利用流量较大的平台或针对性强的专业站点发布各类商业信息,也可利用电子邮件、注册搜索引擎等工具来传递商业信息。与传统各类广告相比,网上的广告成本低廉、传播范围广、信息互动快、信息量丰富
咨询洽谈	电子商务可借助非实时的电子邮件、新闻组和实时的讨论组来了解市场和商品信息、洽谈交易事务。网上的咨询和洽谈能超越人们面对面洽谈的限制,提供多种方便的实时交谈形式(如一对一、一对多、多对多)
网上订购	网上订购通常都是在产品介绍的页面上提供十分友好的订购提示信息和订购交互格式的表单。当客户填完订购单后,通常系统会回复确认信息单来保证订购信息的收悉。订购信息也可采用加密的方式使客户和商家的商业信息不会泄漏
网上支付	网上支付是电子商务过程的重要环节。客户和商家之间可采用电子支票、数字现金和信用卡等形式进行支付。在网上直接采用电子支付手段可节约时间,降低交易成本。但网上支付需要更为可靠的信息传输安全性控制,以防止欺骗、窃听、冒用等非法行为

续　表

电子账户	网上支付必须有电子金融来支持，即银行或信用卡公司及保险公司等金融单位要为金融服务提供网上操作的服务，而电子账户管理是基本的组成部分。其可信度需以技术措施来保证，如数字证书、数字签名、加密等手段的应用，在一定程度上保证电子账户操作的安全性
服务传递	对于已付款的客户，应将其订购的货物尽快地传递到他们的手中。最适合在网上直接传递的货物是虚拟产品，如软件、电子读物、信息服务等，能直接发到用户端
意见征询	电子商务能十分方便地采用网页上的"选择""填空"等格式文件来收集用户对销售服务的反馈意见。这样使企业的市场运营能形成一个回路。客户的反馈意见不仅能提高售后服务的水平，而且还能使企业获得改进产品、发现市场的商业机会
交易管理	整个交易的管理将涉及人、财、物多个方面，企业和企业、企业和客户及企业内部等各方面的协调和管理。电子商务提供一个良好的交易管理的网络环境及多种多样的应用服务系统，从而能保障电子商务获得更广泛的应用

（三）电子商务的特点

电子商务的特点主要包括商务性、方便性、集成性、安全性和协调性。

1. 商务性

相比传统商务，电子商务可以扩展市场，增加客户数量。通过网络，企业可以跟踪客户的每次访问、购买形式和购货动向以及客户对产品的偏爱，继而可以统计分析这些数据获知客户的需求，用于改变自己的经营计划、改进自己的产品和改善自身的服务，更好地满足客户的需要，实现拓展市场。

2. 方便性

在电子商务环境中，方便性主要体现在客户可以足不出户，大范围地比较、选择和查询商品，消除或减少了信息的不对称，同时不再受时间和地域的限制，电子支付和网络银行使客户能全天候地存取资金，快速地查询支付过程及进行资金管理，服务质量大大提高。

3. 集成性

电子商务是一种新兴产物，其中用了大量新技术，通过协调新老技术，使用户能更加行之有效地利用他们已有的资源和技术，更加有效地完成他们的任务。电子商务的集成性，还在于事务处理的整体性和统一性，它能规范事务处理的工作流程，将人工操作和电子信息处理集成为一个不可分割的整体。这样不仅能提高人力和物力的利用率，而且还提高了系统运行的严密性。

4. 安全性

如果客户对交易安全性缺乏把握，根本就不敢在网上进行买卖，企业和企业间的交易更是如此。在电子商务中，安全性是一个至关重要的核心问题。它要求网络能提供一种端到端的安全解决方案，如加密机制、签名机制、分布式安全管理、存取控制、防火墙、防病毒保护、安全电子交易的技术标准和方案等。

5. 协调性

商务活动本身是一种协调过程,它需要客户与公司内部、生产商、批发商、零售商间的协调。在电子商务环境中,它更要求银行,配送中心、通信部门、技术服务等多个部门的通力协作,才能保证电子商务的高效率。

第二节 电子商务的发展及影响

一、电子商务的产生

电子商务的产生有着其历史的必然性,是人类社会科技和经济发展到一定阶段的产物,同时也是信息化发展的一个新阶段。总的来说,电子商务产生和发展的驱动力来自两个方面:技术的推动力和社会需求的拉动力。

(一) 技术的推动力

电子商务的产生,使它的技术基础进一步发展,特别是新的商业模式或业务流程的运作需要更强健、更完善的电子商务技术的支撑。尽管电子商务起源于银行业的电子资金交换和企业间的电子数据交换,但它能发展到今天的阶段和局面,还是取决于互联网等技术的产生、发展和应用。计算机和网络技术的快速发展,以及信息系统、安全和支付系统的完善成为电子商务产生发展的强力技术推手。

(二) 社会需求的拉动力

要将新技术应用或转化为一种新的商业模式,支持业务流程的再造,必须有社会需求的拉动。社会需求可以归结为以下几个方面。

1. 高度竞争的商业环境

商业环境由于市场、经济、社会和技术等因素导致一个高度竞争性的商业环境,最主要的特征就是"以客户为中心"时代的到来。更为重要的是,这些因素多变且难预测,企业必须采取对策和措施作快速反应。

2. 发展带来的商业压力

新的商业环境导致企业经营的压力,这些压力主要包括:市场和经济的压力,如经济全球化和消费者对产品和服务要求的日益提高等;社会和环境的压力,如政策变化、各种组织的道德伦理问题的积极响应等;技术压力,快速的技术更新换代、信息过载等。

3. 组织面对电子商务变革采取的主动行为

组织战略系统的动态调整、持续改进业务的努力、企业业务流程再造等,还包括政府、国际社会,共同推动电子商务的发展。

二、电子商务产生的基础

(一) 电子商务产生的技术基础

1. 计算机的广泛应用

自 20 世纪 70 年代中期以来,计算机的处理速度越来越快,处理能力越来越强,价格越来越低,应用越来越简单也越来越广泛,这为电子商务的应用提供了基础条件。

2. 网络的普及和成熟

由于互联网技术日益成熟,接入互联网的计算机网络越来越多,全球上网用户增长迅猛,互联网成为连接全球用户的一个虚拟社区,为电子商务的发展提供了一个快捷、安全、低成本的信息交流平台,并为电子商务的发展吸引了大量的潜在客户。

3. 信息系统的形成与发展

信息系统的形成和发展是由于计算机的产生而逐步形成和发展起来的。自 1946 年人类发明了第一台计算机,随着技术的不断进步,计算机可以进行数据处理,计算机开始进入管理领域,建立信息系统。到了 20 世纪 90 年代,网络时代的发展对信息系统的建设和应用产生了极大的促进作用,从而促成了电子商务系统的建立。

4. 电子支付手段的普及

方便、快捷、安全的计算机网络支付与结算系统成为商务各方资金往来的主要手段,从而为电子商务中的线上支付提供了重要保证。

5. 安全交易标准和技术的应用

近年来,针对电子商务安全的要求,IT 行业和金融行业一起推出不少有效的安全交易标准和技术来解决这些问题。目前,常用的标准和技术有三种:电子商务协议标准、电子商务认证技术和安全技术。

(二) 电子商务产生的社会基础

1. 市场环境的建立

经济全球化使全球产能快速扩展,企业面临的竞争压力日益增大,面对供大于求,客户变得越来越挑剔,同时,面临的资源如劳动力、技术等也越来越不平衡。因此,企业必须快速响应市场环境的变化,这为电子商务的发展提供了市场环境。

2. 政府大力支持

自 1997 年欧盟发布《欧洲电子商务倡议》,美国随后发布《全球电子商务框架》以后,电子商务受到世界各国政府的重视,许多国家的政府开始尝试"网上采购",这为电子商务的发展提供了有力的支持。

3. 配套的法律环境

电子商务本质上是契约经济,为了保障交易各方的权利和义务,只有具备完善的、配套的法律环境,才可以顺利地运行。一套完整的、可操作的、有针对性的电子商务法律,是保障电子商务发展的重要前提。

4. 电子商务信用体系的建设

信用体系是电子商务发展的重要保障。在网络当中进行交流,增加了交流的自由度,但是无法确定对方的真实身份,这是电子商务发展的一个巨大障碍。一套完善的网上信用保证体制,会保证交易完成,促进电子商务的发展。

三、电子商务的发展阶段

电子商务的发展可根据网络技术的不同分为四个阶段:基于电子数据交换(EDI)的电子商务、基于互联网的电子商务、基于3G(第三代移动通信技术)及以上技术的移动电子商务、基于新兴技术的智慧电子商务。

(一)基于电子数据交换的电子商务

从技术的角度来看,20世纪60年代的人们就利用电报、传真等电子通信方式进行贸易活动,但由于此类方案,发送的报文并不能直接进入接收方信息系统直接处理,所以还不是严格意义上的电子商务。20世纪70年代末,人们开发了EDI技术,是电子商务的前身,它是指有业务往来的公司机构通过计算机网络系统,以电子方式传输商业交易资料。在1991年互联网正式对商业活动开放以前,EDI一直是通过租用专门线路在专用网络上实现的,这种专用增值网(VAN)使用费用很高,一般只有跨国公司和大型企业才会使用,这就限制了EDI应用范围的扩大。

(二)基于互联网的电子商务

20世纪90年代中期,互联网迅速从科研机构走向商用。1991年,商业贸易活动正式进入互联网世界,电子商务成为互联网应用的最大热点。互联网费用低廉、覆盖面更广、服务功能更好,能够满足中小企业对电子数据交换的需求,因此基于互联网的EDI迅速替代了传统EDI业务。不仅如此,基于互联网的EDI还把电子数据交换的范围从票证、单据扩大到全方位的商务信息,便产生了现代意义上的电子商务。电子商务的先驱是一些互联网零售公司,如亚马逊。2010年之后,像沃尔玛这样的传统跨国零售商也建立了自己的网上商店。2014年之后,电子商务出现了许多新的发展趋势,如电子政务服务、移动电子商务等,跨境电子商务也成了电子商务发展的一个新的热点。

(三)基于3G及以上技术的移动电子商务

随着移动智能终端的和通信技术的发展,手机上网已经成为一种重要的上网方式。在3G和4G时代,移动电子商务的发展极为迅速,改变了很多基于互联网的电子商务的规则。

2018年,我国的三大电信运营商开始投入5G网络建设,2019年投入商用。在5G时代,电子商务正发生着更深层次的变化。

(四) 基于新兴技术的智慧电子商务

随着智能硬件和人工智能技术的发展,传统电子商务和零售业都受到不同程度的冲击,在以新技术应用为核心的商业模式下,出现了越来越多的新兴电子商务平台及零售企业。

智慧电子商务利用网络技术、信息安全等先进手段,打造电子商务云环境,将电子商务实体、消费市场、交易实务、信息流、资金流、物流等基本要素进行整合,实现金融、保险、物流等商业应用的实时感知、动态信息发布、智能商务管理等功能,提升商务管理水平。智慧电子商务是面向产业提供的公共电子商务云环境,为不同的企业、实体快速打造一个电子商务环境,协助其快速实现商务能力,同时通过该平台可以有效助力相关产业的发展,创新产业模式,提高政府产业服务能力,打造智慧的电子商务云。

2015年,北京大学"知本财团"课题组首次提出"数智化"一词,是对"数字智商"的阐释,最初的定义是:数字智慧化与智慧数字化的合成。这个定义有三层含义:一是"数字智慧化",相当于云计算的"算法",即在大数据中加入人的智慧,使数据增值增效;二是"智慧数字化",即运用数字技术,把人的智慧管理起来,相当于从"人工"到"智能"的提升,把人从繁杂的劳动中解脱出来;三是把这两个过程结合起来,构成人机的深度对话,使机器继承人的某些逻辑,实现深度学习,甚至能启智于人,即以智慧为纽带,人在机器中,机器在人中,形成人机一体的新生态。

四、电子商务的影响

人类社会经历了农业社会和工业社会两个发展阶段之后,正在向数字时代转变,电子商务正是这一转变过程的产物。电子商务正带来了一场革命,其影响已远超商业本身,它已对社会的生产和管理、人们的生活和就业、政府职能、法律制度以及教育文化都会带来巨大的影响。电子商务将把人类社会更快地带入信息社会,将会对个人、组织和社会带来一系列深刻的影响。

(一) 电子商务与社会变革

1. 电子商务的竞争优势

电子商务提供了企业虚拟的全球性贸易环境,有利于大大提高人类活动的水平和服务质量。其优越性具体表现在以下几个方面。

(1) 提高通信速度。电子商务大大提高了通信速度,扩大了通信信道的功能。过去需要几天才能到达的商务信件,现在通过互联网只需几分钟,甚至几秒钟就能收到。

(2) 加强信息交流。网上分布式的信息发布和访问,具有表现力强、更新速度快、内容全面丰富的特点,可使企业、客户掌握他们需要的最新信息。

(3) 有效降低成本。电子商务可以降低通信费用、管理费用和人员开销。

(4) 改善和增强供应商和客户之间的关系,提高服务质量和客户满意度。供应商可以缩短交货期,帮助销售商从烦琐的事务中解脱出来,更好地为客户解决实际问题。另外,客户可以通过网站跟踪订货情况,供应商还可以通过网站及时收集市场的反馈信息,更好地满足客户需要。

(5) 提供交互式销售渠道。商家能及时得到各种反馈信息,改进工作。

(6) 服务时间无限制。商家可提供7天24小时的全天候服务。

(7) 增强企业的竞争力。电子商务改变了以往的市场准入条件,使小企业和大企业在一个较为公平的基础上进行竞争。因为对任何一个企业而言,无论其大小,在网络环境下,企业形象表现为一种网站或页面,面对的是相同的市场,处于相对平等的竞争条件之下。

2. 电子商务对社会的影响

(1) 改变业务活动的方式。过去的商务环境,人们需要在一家家商场中努力搜寻自己所需要的商品,买卖双方面对面讨价还价耗时长久。如今,通过网页、网站就可以看见店面柜台,人们不仅能身临其境地浏览各类产品,而且能获得在线服务;不仅能购买物理类产品,如汽车、电视和房地产,也能购买数字化产品,如信息、音像、数据库、软件和各类知识产品。此外,人们在线上还能获得各类服务,如旅游服务、远程教育及远程医疗等。

(2) 改变企业的经营管理方式。企业开展电子商务活动,其经营方式发生了根本性的改变,客户将在网上与供应商联系,利用网络进行会计结算和支付服务;企业可以方便地与政府部门以及竞争对手发生联系。改变了企业经营的环境条件和流程处理效率。

(3) 改变组织的结构和功能。组织会从层次的指令控制的金字塔式结构转向基于信息的扁平化的结构,组织模式会发生一系列的重大变化。企业内部的信息交流、管理职能、工作群体的结构将发生变化。改变原来端到端的供应链管理模式,扩展供应链管理为连接客户、生产商、供应商、销售商、竞争对手的网络管理。

(4) 改变人们的消费方式。网上购物可以足不出户而漫游世界,网络搜索引擎的信息发现和知识获取功能可以使顾客按需查找,货比三家。同时,消费者将能以十分轻松、自由的自我服务方式完成交易,大大提高用户的满意度。

(5) 电子商务对现代经济活动的影响。根据世界贸易组织的电子商务专题报告,以互联网为基础的电子商务对现代经济活动的影响主要体现在以下几个方面:缩短了生产厂商与最终用户之间供应链上的距离;改变公司和部门的内部结构;改变了以往的市场准入条件或门槛;电子商务交易成本的下降既刺激网上的电子商务需求,同时也刺激了消费者对网络的需求;电子商务活动将导致国内和国际市场竞争的新形式,同时使信息服务和其他服务活动进一步多元化。消费者在电子商务竞争中将比传统消费方式购买到更多品种的商品和更高质量的服务。

(二) 电子商务与新经济

电子商务被认为是"新经济的发动机"。这里的"新经济",包括"信息经济""数字经济""网络经济"以及"知识经济"等。

以电子商务为代表的网络经济是知识经济或数字经济的重要方面。电子商务的兴起,标志着在流通领域内掀起了一场革命,其发展形成了新的交换机制,产生新的市场规则,将冲破时间与空间的限制,加快全球市场一体化的进程。电子商务还将有力地推动信息产业和数字服务业的发展。电子商务正是在信息经济这个背景下,从商品流通领域开始,随后波及生产、投资等其他领域的商业信息化革命。

电子商务涵盖的业务包括:信息交换、售前售后服务、销售、电子支付、运输、组建虚拟企业(组建一个物理上不存在的企业,集中一批独立的中小公司的权限,提供比任何单独公司多得多的产品和服务,公司和贸易伙伴可以共同拥有和运营共享的商业方法)等。

将数字技术用于企业管理,提升企业的决策效率与质量,能使企业更聪明;数据上云之后,不同来源的数据形成聚合,人机协同的领域日益扩展,人与环境的响应关系越来越密切,可以使城市更聪明。

"数智化"的高阶发展是"智慧城市"与"万物互联",进一步讲,是人与人之间的"思频互联",把人的思维看成是"万物"的特殊组成部分,进行特殊的"互联","数智化"可以被继续推进到文化层面。这些都会带来社会经济的巨大变化。

本 章 小 结

狭义的电子商务是指交易双方从收集信息、贸易洽谈、签订合同、货款支付到电子报关,不需要当面接触,均可以运用电子化手段进行,主要是指利用 Web 提供的通信手段在网上进行,包括通过互联网买卖产品和提供服务。广义上的电子商务还包括企业内部商务活动,如生产、管理、财务等,以及企业之间的商务活动,它不仅仅是硬件和软件的结合,更是把买家、卖家、厂家和合作伙伴在互联网、企业内部网和企业外部网上利用互联网技术与现有的系统结合起来开展业务活动的综合系统。因此,狭义的电子商务集中于电子交易,强调企业与外部的交易与合作;而广义的电子商务则扩大了狭义概念的涵盖范围。

电子商务产生和发展的驱动力来自两个方面:技术的推动力和社会需求的拉动力。计算机和网络技术的快速发展,以及信息系统、安全和支付系统的完善成为电子商务产生发展的强力技术推手。日益激烈的市场竞争压力和来自客户的更高要求拉动新技术应用,或转化为一种新的商业模式,或支持业务流程的再造。电子商务的发展可根据网络技术的不同分为四个阶段:基于电子数据交换的电子商务,基于互联网的电子商务,基于3G(第三代移动通信技术)及以上技术的移动电子商务,基于新兴技术的智慧电子商务。电子商务的数智化发展阶段正带来一场新的革命,其影响已远超商业本身,会深刻影响人类社会的组织和运作。

 课后案例

京东助力中小企业数字化高质量发展

2023年3月5日上午,第十四届全国人民代表大会第一次会议在人民大会堂开幕。2023年政府工作报告中提出,要加快建设现代化产业体系,加快传统产业和中小企业数字化转型。

1. 大中小企业融通发展需要数字化"加速器"

2022年5月,工信部等十一部门联合印发的《关于开展"携手行动"促进大中小企业融通创新(2022—2025年)的通知》,对于推动大中小企业融通给出了清晰的路径指引,其中即明确强调了数字化应发挥的作用。比如在促进大中小企业数据链全面融通方面,即鼓励大企业打造符合中小企业特点的数字化服务平台,深入实施中小企业数字化赋能专项行动,提升中小企业数字化水平。

国研大数据研究院发布的《数字化采购引领中小企业数字化转型报告》也指出,中小企业数字化转型存在资源和能力等瓶颈,同时也面临较大的外部挑战,需要各方联动共建大中小企业相互促进的数字化网络生态,促进大型企业与中小企业之间的数字化合作,释放大企业的引领作用,带动产业链供应链的中小企业共同实施数字化转型。各类主体合作促进,共建数字化生态网络。

国研大数据研究院建议,政府需要加强政策引导,吸引更多的资金、技术、人才等要素资源支持中小企业数字化转型;大型企业需要带动产业链供应链整体数字化,并引领配套的中小企业数字化。中小企业既需要自身投入资源、提升数字化转型能力,也需要学会借助外部力量,善于"借船出海"。大企业"建平台",中小企业"用平台",政府、社会、企业等多方共同发力,有助于推动大中小企业形成协作共赢的数字化生态。

全国政协委员、京东集团技术委员会主席曹鹏认为,中小企业数字化转型面临"不会、不能、不敢"的困境。新型实体企业作为数智化社会供应链体系的一个节点,能够引导链上各方优化生产布局,实现降本增效。加强数智化社会供应链基础设施建设,以数智化技术优化生产、流通、消费各个环节,发挥新型实体企业"链主"作用,助力链上更多企业实现精准供需匹配,从而促进供应链产业链协同创新发展。

全国人大代表余森杰也指出,数智化社会供应链与实体经济在各领域的深度融合所带来的生产效率的提升成为我国产业转型升级的重要驱动力。建议出台专项支持政策,支持具备实体供应链基础和数字供应链能力的新型实体企业发展,打造产业数字化升级的标杆。以数字化采购为切口,带动中小企业的数字化转型,促进产业数字化发展。

2. 六大维度打造大中小企业融通发展平台

长期以来,京东集团致力于发挥数智化供应链能力,为中小企业发展提供助力。自2020年起,京东集团就联合工信部中小企业发展促进中心发布了中小企业服务专项行动"满天星计划"。全新发布的"2023满天星计划"将进一步整合京东集团优势能力与资源,聚焦供应链融通、金融服务融通、人才服务融通、数字服务融通、创业创新融通、园区服务融通六大维度打造大中小企业融通发展平台,全方位助力行业产业与经济社会高质量发展。

在供应链提升方面,京东企业业务从中小企业的生产、运营、服务环节入手,通过"补链、强链、固链"举措提升中小企业的经营韧性。山东德瑞克仪器股份有限公司是一家集研发、生产、销售于一体的检测仪器制造企业,公司物资采购中面临供应商数量多、价格透明度低、商品标准难以统一等诸多问题。通过接入京东慧采平台,德瑞克公司在采购寻源、协议签署、发票开具、审批流程等方面实现了全流程线上化,大大提高了采购效率。

中小企业普遍存在着流动资金紧张的痛点。在金融服务方面,京东通过提供先采购、后付款的企业金采便捷支付方式,能够有效缓解企业的现金流压力和资金周转困难。此外,京东企业业务还联动上下游金融机构,为中小企业提供金融账期、融资等多元化、定制化金融产品及服务,为中小企业发展注入更多动力。

在园区服务方面,京东结合中小企业集群式发展特征,针对各产业、各城市开创了"一城一策"的线下线上融合服务模式,并以园区联盟为载体,不断丰富线下服务场景。2022年,京东企业业务全面走进北京、上海、广州、南昌、杭州、珠海等地的产业园区,带动各类优质资源进企业、进园区、进集群,形成集管理、采购、服务为一体的园区企业服务创新体系,助力园区及园区企业实现品牌与经济双收益。

为更好支持中小企业创业创新,京东企业业务积极参与由工信部、财政部共同打造的"创客中国"大赛,为中小企业和创客提供交流展示、产融对接、项目孵化的平台。目前,京东企业业务已成功参与举办2020年、2021年、2022年三届"创客北京"

大赛,先后筛选出近百家优秀中小企业,并通过"创客合伙人"机制,为近千家企业提供产业协同、融合共创、助力经营、加速赋能等创客权益。

为帮助中小企业培养更多人才,京东联合科研机构、高校/职业院校、培训机构等,通过学生实习、高管研学、专业技能提升、精准人才匹配实现四层人才生态互通链,为中小企业搭建立体化、自运营的人才生态提升机制,提升人才梯队建设能力,解决"招聘难度大""培养成本高""人才精准匹配弱"等难题。

在数字服务方面,京东企业业务依托"快采购、轻管理、一站式"的数字化采购管理平台,围绕企业采购链条上的八大触点,从选品、议价、签约直至报销、采购决策等流程,可提供"商品+服务""采购+管理"的一站式、全场景、全生命周期数字化采购服务解决方案。

2023年是全面贯彻落实党的二十大精神的开局之年,是实施"十四五"规划承上启下的关键之年,也是疫情防控优化调整之后全力以赴"拼经济"的奋进之年。中小企业数字化转型正处于关键窗口期,党和政府密集出台了一系列支持中小企业发展的政策,多措并举推动中小企业数字化转型升级。京东企业业务相关负责人表示:"京东将持续发挥新兴实体企业的带动作用,携手更多合作伙伴构建大中小融通创新生态,并紧贴中小企业发展中的真实需求,助力中小企业降本增效、高质量发展。"

(资料来源:https://news.iresearch.cn/yx/2023/03/462807.shtml)

思考题

1. 企业数字化发展的意义是什么?不同规模企业的数字化发展之路有何区别?
2. 京东从哪些方面助力中小企业数字化高质量发展,作为电商大牌企业京东在此业务领域有何优势?

课后调研

◇ 登录中国互联网络信息中心(www.cnnic.cn)下载最新的《中国互联网络发展统计报告》,了解与电子商务有关的统计数据,分析中国互联网发展现状及存在问题。

◇ 登录中国电子商务研究中心(www.100ec.cn)获取感兴趣的电子商务资讯和数据报告。撰写研究报告。

◇ 登录艾瑞网(www.iresearch.cn),采用"移动互联网""物流""社交网络""跨境电商"等关键词进行搜索,学习搜得到的新闻资讯、研究报告及专栏文章等,全面了解电子商务领域的发展动态。讨论当前发展热点,预测发展前景。

第二章 电子商务模式与框架

亚马逊永不停息的发展之路

1994年,普林斯顿拿到计算机学位后,在华尔街工作了8年的贝索斯开始在西雅图创立亚马逊,他在自家车库开始搭建这个卖书的网站。亚马逊于1995年7月正式上线,运营第一个月就覆盖了全美50个州和全球45个国家,之后快速开始售卖CD和其他商品。

虽然消费者十分买账,但部分投资者对亚马逊仍有疑虑。时为美林证券分析师的亨利·布洛杰特回忆起在20世纪90年代末的一次投资者调研会上,贝索斯耐心解释为何亚马逊二话不说就接受平板电视退货要求:无条件退货政策成本很高,但能提升顾客满意度。当时几乎没人理解亚马逊的潜力、商业模式和估值。亚马逊现在如日中天,很多人以为它像实力超群的球队直取冠军一样,从未遭遇挫折。但有几年,华尔街怀疑亚马逊能否生存。2000年之后有段死亡谷时期,贝索斯面临无比巨大的困难。是他穿越艰险、到达彼岸的顽强意志最终使华尔街继续给亚马逊机会。

业界对贝索斯的误解是他不关心盈利。从各个角度看,在线零售等亚马逊的成熟业务盈利能力很强;导致账面亏损的是亚马逊对新业务的大力投入。在贝索斯看来,公司表现不应以账面利润衡量,他非常关注现金流和投资回报率。贝索斯真正实践了克里斯坦森在《哈佛商业评论》杂志上发表《资本家的窘境》的文章中的主张,该文认为大多数企业管理者忽视了真正重要的财务指标。更有观察者认为,在大公司热衷囤积现金的当下,我们应称赞亚马逊在全新领域再投资和创新的能力,容忍这些投资导致的暂时亏损。

面对各方对亚马逊财务战略的质疑,贝索斯泰然自若。他说他一直公开主张亚马逊关注长期现金流而非净利润。不过对贝索斯的批评不止于财务战略。和沃尔玛一样，亚马逊也背上了颠覆行业、消灭竞争对手和减少就业的骂名。自2007年Kindle点燃电子阅读市场后，亚马逊就一直被出版界指责强行为电子书定低价，双方陷入缠斗。但贝索斯的批评者也承认他的视野和雄心实属罕见，这使亚马逊在网上零售之外的领域也大有作为。贝索斯创立了太空旅行公司Blue Origin，2013年还买下《华盛顿邮报》，每月在那里工作一天，尝试为新闻业寻找生存之道。而亚马逊大胆进军相邻行业的战略，也可让企业管理者借鉴。

亚马逊的创新步伐继续。2023年3月7日亚马逊云科技与数据服务商Snowflake通过促进销售合作、行业解决方案协同及联合市场推广战略，进一步扩大了卓有成效的合作伙伴关系。以探索新的前沿领域，并以多种方式推动客户为中心的创新，如开发行业解决方案、深化产品集成、扩大销售合作和扩展营销策略等。

"我们相信Snowflake与亚马逊云科技在过去三年中建立了云计算领域最成功的技术合作伙伴关系之一。"Snowflake董事长兼首席执行官Frank Slootman表示，"我们将继续加强合作，在行业垂直解决方案和机器学习能力的产品集成方面进行深入合作，一心一意地专注于为我们的客户提供最佳服务。"

包括高盛集团等财富500强企业在内的6 000多家联合客户在使用Snowflake和亚马逊云科技的技术和服务加速创新，大约84%的Snowflake客户将其应用运行在亚马逊云科技上。

（资料来源：https://www.jiemian.com/article/413592.html）

从电子商务发展的不长历史来看，随着新技术和新需求的不断出现，电子商务的模式创立和模式创新永不停止，本章我们将介绍电子商务模式和支持其运行的基础框架。

第一节　电子商务模式

一、商务模式定义

商务模式是指一个企业从事某一领域经营的市场定位和营利目标，以及为了满足目标顾客主体需要所采取的一系列的、整体的战略组合。简单地说，就是企业用什么样的业务方式来赚取利润。

商务模式的要素是商业计划的核心，也是企业经营管理的核心。其具体内容包括表2-1的8项。

表 2-1 商业模式的要素

序号	关键问题	商业模式要素
1	价值认可	为什么消费者要买你的东西
2	营利模式	如何赚钱
3	市场机会	目标市场是什么,市场容量有多大
4	竞争环境	目标市场中还有什么其他企业
5	竞争优势	进入目标市场,有什么优势
6	组织发展	为实现商业计划,企业需要采用什么类型的组织结构
7	营销战略	计划如何促销产品和服务以吸引目标客户
8	管理团队	什么样的经历和背景对企业领导人来说是重要的

资料来源:Kenneth. C. Laudon,2004。

二、电子商务模式

电子商务模式,是指在互联网环境中利用一定技术手段开展商务活动的基本方式,即构成电子商务的要素以不同形式形成的电子商务运营管理模式。在电子商务活动中,产品、服务、信息、收入来源以及各利益主体在交易运作过程中形成各种电子商务模式,电子商务模式体现了电子商务活动的营利方式以及未来的发展计划。电子商务模式主要包括财务、从业人员、网络信息系统、商品、买卖方、支持服务机构和组织管理。电子商务的构成要素不同可以形成不同的模式。

目前,已经出现了很多电子商务模式,而且随着技术和社会需求的发展,还有许多新的模式被创新出来。对于现有的商务模式,可以从不同的角度对其分类研究。这里我们介绍基于参与主体对电子商务模式进行的分类和基于数字化程度的电子商务模式分类。

三、电子商务的基本模式

在确定电子商务模式的各种方法中,国内外研究人员普遍认可和接受的方法是根据参与电子商务活动的主体对电子商务的基本模式进行划分。企业、消费者和政府是电子商务活动的三大主要参与者,因此,电子商务的基本模式主要包括企业间电子商务(B2B)、企业对消费者电子商务(B2C)、企业与政府间电子商务(G2B)、政府间电子商务(G2G)以及消费者间电子商务(C2C)共 5 种。其中,B2B 和 B2C 是最常见的两种电子商务模式。

(一) B2B 模式

B2B 模式指的是企业间利用互联网技术进行的交易。企业间电子商务方式侧重于企业间的合作与交易,企业可以使用互联网或其他网络为每笔交易寻找最佳贸易合作伙伴,完成从订购到结算的全部交易行为。其交易活动的内容主要包括企业向其供应商进行的采购、企业向其客户的批量销售、企业与其合作伙伴间的业务协调等。从实现方式来看,企业可以通过自建网站直接开展 B2B 交易,也可以借助电子中介服务来实现 B2B 交易。自建网站开展 B2B 的企业多为产业链长、业务伙伴多或自身专业性强的大企业、跨国公司,如飞机、汽车、计算机等行业的制造商,大型批发、零售企业等,主要用于公司自身的业务和对供应商、销售商的服务;而借助中介服务实现 B2B 的企业则多为中小型企业。

在形式上,B2B 主要分为以企业为中心的 B2B 和电子市场两种。以企业为中心的 B2B 模式又分为卖方集中模式和买方集中模式两种。由卖家企业面向多家买家企业搭建平台销售其产品称为卖方集中模式,而由买家企业面向多家供应商搭建平台采购原材料、零部件、经销产品或办公用品则称为买方集中模式。而电子市场的 B2B 模式则可分为垂直和水平两种类型。垂直市场专门针对某个行业,如电子行业、汽车行业、钢铁行业、化工行业、纺织行业等,如图 2-1 所示的化工网。水平市场则是普遍适用于各个行业的宽泛的交易平台,如阿里巴巴(1688.com)。

图 2-1 化工网主页

(二) B2C 模式

在 B2C 模式中,电子商务活动的主要参与者是企业和个体消费者。这是消费者利用互联网直接参与经济活动的形式,也是最为消费者所熟悉和应用最广泛的形式。

B2C 模式指的是企业或零售商利用互联网技术面向个体消费者进行的零售交易。零售交易的内容既有产品也有服务。零售产品既包括传统商品,如计算机与家电、图书与音像制品、奢侈品、服装、鲜花与礼品、折扣商品等;也包括新兴的数字内容产品,如专业信息资源、专业知识数据库、电子期刊等。零售服务既包括电子化的传统中介服务,如在线旅行社服务、在线汽车代理销售服务、在线证券交易服务、网上保险销售服务、网上售票、在线银行等;也包括电子化的专业服务,如网上游戏、在线影视、在线专业咨询等。

(三) G2B 模式

G2B 模式中,电子商务活动的主要参与者是企业和政府。该模式指的是企业与政府间利用互联网技术进行的交易。交易内容既包括政府通过建立网站向企业发布各种法规、更换执照、招商引资信息、税单指南、商务指南等信息,也包括政府利用电子商务执行其政府职能,如向企业收取税费、发放工资和福利、招标采购、招商引资等,如图 2-2 所示的中国政府采购网。

图 2-2　中国政府采购网

在 G2B 模式中,政府既作为电子商务的使用者进行商业上的购买活动,又作为电子商务的宏观管理者对电子商务起着扶持和规范的作用。利用互联网技术完成企业与政府间的各种交易或业务活动,一方面企业能随时随地了解政府的动态,减少了与政府沟通的中间环节,从而降低了时间延误和费用;另一方面政府提高了执行政府职能的公开性和透明度,在为企业服务方面既降低了服务成本又提高了服务质量。

(四) G2G 模式

政府与政府间的大部分政务活动都可以通过网络技术的应用得以高速、高效、低成本地实现,从而更能高效、科学地扮好"服务者""消费者""管理者"三重角色,真正适应电子商务时代的需要。政府运用电子商务技术执行其政府职能又称为电子政务,其中,如前所述的G2B是指政府面向企业的一类;而另一类则是政府间的,称为G2G。

G2G电子商务活动的主要参与者是各级政府。它是指政府内部、政府上下级之间、政府不同地区和不同职能部门之间利用信息和通信技术,在公共计算机网络上有效实现行政、服务及内部管理等功能。其具体实现方式包括政府内部网络办公系统、电子法规、政策系统、电子公文系统、电子司法档案系统、电子财政管理系统、电子培训系统、垂直网络化管理系统、横向网络协调管理系统、网络业绩评价系统以及城市网络管理系统等方面。

(五) C2C 模式

在C2C模式中,电子商务活动的主要参与者都是个体消费者。消费者自己完全介入交易之中,成为交易的主角。

该模式指的是个体消费者间在互联网上进行的自由买卖,类似于现实世界的农贸市场或者跳蚤市场,其构成要素包括买卖双方外,还包括电子交易平台供应商,类似于现实中的农贸市场场地提供者和管理员。拍卖是最为常见的C2C交易方式。买卖双方都是非商家身份,其行为应该都是业余性质。

据统计,网上拍卖是成长最为迅速的网上业务。每年都有数以百万的消费者在拍卖网站上买卖各种商品。根据战略定位不同,C2C拍卖网站主要分为普通消费品拍卖网站和特殊消费品拍卖网站两种。普通消费品拍卖网站面向所有大众消费者,且不限定拍卖品种类型,如淘宝、eBay。这种拍卖网站成功的关键就是要吸引足够的买家和卖家形成足够物品的拍卖市场,那些有大量访问者的网站也有条件进入这个领域。由于在这种模式下,是买家和卖家的数量越多就越有效,所以新加入拍卖者都趋向于选择已有的拍卖网站。这就使先行的拍卖网站比后来跟进的新拍卖网站天生更具价值,经济学家称之为锁定效应。特殊消费品拍卖网站就是一些企业面临锁定效应给自己带来的不利影响而采取瞄准特殊目标细分市场的背景下产生的。C2C扩展了商业机会,使小规模、非专业的交易活动能够达成。

四、电子商务的衍生模式

根据电子商务的基本模式,在实际应用中可衍生出企业-企业-消费者(B2B2C)电子商务模式、企业-企业-企业(B2B2B)电子商务模式、企业-员工(B2E)电子商务模式和线上-线下(O2O)模式等。

(一) B2B2C 模式

B2B2C电子商务模式是B2C和B2B两种电子商务模式的整合。这种模式的思想是以B2C为基础,以B2B为重点,将两个商务流程衔接起来,从而形成一种新的电子商务模式。产生这种模式的原因是由于在 B2C 这种商务模式中,零售的特点决定了商家的配送工作十分繁重,同时个体消费者又不肯为了原本低值的商品付出相对高值的配送费用。面对这种现实,在 B2C 模式中引入 B2B 模式,即把经销商作为销售渠道的下游引进,从而形成 B2B2C 电子商务模式。

这种模式一方面可以减轻配送的负担,另一方面也能减轻库存问题所带来的压力,从而降低成本,增强网上购物的快速、低价格的优势。另外,该模式中的两家上下游企业也能够发挥各自的优势,各尽所能,共同受益。

(二) B2B2B 模式

企业-企业-企业电子商务模式实质上是商务代理协作模式。与常规的 B2B 电子商务模式相比,商务代理协作模式增加了一个中间环节,但这个中间环节相对于整个社会来说是集成化运作,将众多企业分散执行的销售功能集中地由商务代理协作商来完成,降低社会商品流通的交易费用,因而市场的无形之手自然会向有利于商务代理协作商的方向调节,这样商务代理协作商就获得了盈利空间。

(三) C2B 模式

消费者-企业模式即包括个人消费者利用互联网向企业销售产品或服务,又包括个人消费者寻求卖主,以对产品或服务进行报价。

(四) B2E 模式

企业-员工模式是企业内部电子商务的一个子集,在这种电子商务模式下,组织向员工传递服务、信息或产品。其中一类主要的员工是在外流动工作的员工。

(五) O2O 模式

O2O 即 Online to Offline,是将线下商务的机会与互联网结合在了一起,让互联网成为线下交易的前台。这样线下服务就可以通过线上来揽客,消费者可以用线上来筛选服务,成交可以在线结算,很快达到规模。该模式最重要的特点是:推广效果可查,每笔交易可跟踪。特别的一点是,O2O 的一个细化市场称为 O2M 模式,即互联网分享经济新模式,是以 offline to mobile 的渠道营销为主,线下实体店提供顾客体验,移动手机端做好顾客服务。

五、完全与不完全电子商务

乔伊等人(Choi et al. 1997)根据商务运作中所销售的产品或服务、销售过程以及代理人或中间商这 3 个维度的数字化程度的可能组合,创立了一个模型来解释电子商务可以有的多种形式。

如图 2-3 所示,在商务运作各环节中,产品可以是实体的或数字化的,代理人可以是实体的或数字化的,销售过程也可以是实体的或数字化的。这 3 个维度的不同组合显示

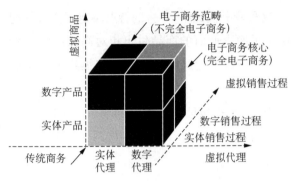

图 2-3 电子商务模式虚拟维度

出 8 种不同的商务运作形式。其中，如果产品、代理人及销售方式 3 个维度都是实体的称为传统商务的运作形式；如果产品、代理人及销售方式 3 个维度都是数字化的称为完全电子商务的作形式；介于传统商务和完全商务之间的其他 6 种形式的电子商务在产品代理人及销售方式中至少有一维是数字化的，同时至少有一维是实体的，因而统称为不完全电子商务。换言之，不完全电子商务主要是有形的实物商品的网络交易，这类商品的交易过程中所包含的信息流和资金流可以完全实现网上传输，但商品交付不是通过计算机的数据载体，而是通过传统的方式来实现。完全电子商务一般指无形的数字产品的网上销售，其信息流资金流和物流都可以完全通过网络完成。

完全电子商务构成电子商务的核心。一般来说，完全电子商务在 B2C 实践中的具体表现形式包括以下四种。

（一）网上订阅模式

网上订阅模式指的是企业通过网页向消费者提供网上直接订阅，以便消费者直接浏览信息的电子商务模式。网上订阅模式主要被商业在线机构用来销售报纸、杂志等，因而其主要内容包括在线出版、在线服务和在线游戏等。

（二）付费浏览模式

付费浏览模式是指企业通过网页向消费者提供计次收费性网上信息浏览和信息下载的电子商务模式。该模式要具备如下条件：首先，消费者必须事先知道要购买的信息，并且确信该信息值得付费获取；其次，信息出售者必须有一套有效的交易方法，而且该方法可以处理较低的交易金额。这种模式一般会涉及知识产权问题。

（三）广告支持模式

广告支持模式是指在线服务商免费向消费者或用户提供信息在线服务，而营业活动全部由广告收入支持。广告支持模式需要企业的广告收入来维持。网站广告必须对广告效果提供客观的评价和测度方法，以便公平地确定广告费用的计费方法和计费额度。计费方法通常包括，按访客数计费、按被看到的次数计费、按用户录入的关键字计费、按点击广告图标次数计费等。

（四）网上赠与模式

网上赠与模式是一种非传统的商业运作模式，企业借助于国际互联网用户遍及全球的优势，向互联网用户赠送软件产品，以扩大企业的知名度和市场份额。通过让消费者使用该产品,吸引消费者下载新版本的软件或购买另外一个相关的软件。网上赠与模式的实质就是"试用,然后购买"。采用网上赠与模式的企业主要有两类:一类是软件公司,另一类是出版商。

实际上,多数企业的网上销售并不仅仅采用一种模式,而往往采用综合模式,即将多种模式结合来实现电子商务。

第二节 电子商务的框架和系统结构

理解电子商务的体系框架有助于从整体上全面系统地理解和把握电子商务的机理。从不同的视角考察电子商务可以描绘出不同的框架结构。以下将从概念模型角度考察电子商务的总框架后,再从管理运作视角考察电子商务的应用框架。

一、电子商务总框架

先从概念模型角度考察电子商务的总框架,电子商务的交易一般都离不开四流,即信息流、资金流、物流和商流。电子商务以实现商流为目标,而商流的实现又是以信息流、资金流和物流的实现为前提的。

商流即指商品在进行交易过程中发生的有关商品所有权的转移。信息流既包括商品或服务信息的提供、促销营销、技术支持信息、售后服务等内容,也包括诸如询价单、报价单、订单、付款通知单、转账通知单等商业贸易单证,还包括交易方的支付能力、支付信誉等。资金流是指资金的转移过程,包括付款、转账、兑换等。物流是产品或服务的配送和传输渠道,具体包括运输、存储、配送、装卸、保管等各种活动。对大多数商品和服务而言,物流可能仍然经由传统的方式实现;而对有些产品和服务,可以直接以网络传输的方式进行配送,如各种电子出版物、信息咨询服务、有价信息服务、在线娱乐服务等。

技术上,电子商务的信息流主要是通过建立电子商务网站实现,资金流主要通过网上支付实现,物流则通过配送体系实现。为了保证这四流的顺畅运转,还须有宏观政策法规、安全与传输等技术支持以及标准化建设的支撑。因此,电子商务的总框架如图2-4所示。

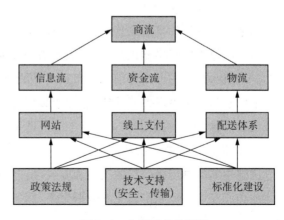

图 2-4 电子商务总框架

二、电子商务的应用框架

从管理运作视角来考察电子商务的应用框架,电子商务的应用丰富多样,为了实现这些多样的应用,必须有合适的信息、基础设施和支持系统。为了说明电子商务各类应用的环境,Ravi Kalakota 和 Andrew B. Whinston 两位学者提出了电子商务的应用框架,如图 2-5 所示。该框架从宏观的角度指出了电子商务体系的各应用层面和众多支持条件,可以更好地理解电子商务。

电子商务的各类应用建立在四个基础设施层和两大支柱之上。这四个基础设施分别是网络基础设施、多媒体信息发布基础设施、信息传播基础设施、商业服务基础设施;两大支柱是政策法律支柱和技术标准支柱。

图 2-5 电子商务应用框架

(一) 电子商务的基础设施

1. 网络基础设施层

这层主要是电子商务的硬件基础设施,也是实现电子商务最底层的基本设施。网络基础设施主要是指信息传输系统,包括远程通信网、有线电视网、无线电通信网和互联网等。

以上这些不同的网络都为电子商务提供了信息传输的线路,但是,目前大部分电子商务应用都建立在互联网上,其主要硬件有电话设备、调制解调器、集线器、路由器、程控交换机、有线电视等。

2. 多媒体信息发布基础设施层

网络基础设施的日益完善,通过网络传递信息成为可能,在网络上可以传播文本、图片、声音、图像等形式多样的信息。目前,在网上最流行的发布信息的方式是以 HTML(超文本标识语言)的形式将信息发布在 WWW 上,通过 HTML 可以将多媒体内容组织得易于检索和富于表现力。这样,企业可以利用网上主页、电子邮件等在互联网上发布各类商业信息,客户可借助网上的检索工具迅速地找到所需商品信息。

3. 信息传播基础设施层

这层主要提供传播信息的工具和方式,是电子商务信息传播的主要工具。它提供以下两种交流方式:(1)非格式化的数据交流,例如使用传真和电子邮件传递消息。它的对象一般是人,需要人工干预。(2)格式化数据交流,例如 EDI 传递消息。它的对象是机器,不需要人工干预,可以全部自动化。

4. 商务服务基础设施层

这层主要是实现标准的网上商务活动服务，以方便网上交易。这个层次是所有企业、个人做贸易时都会使用到的服务。它主要包括商品目录、价目表的建立、电子支付、商务信息的安全传送、认证买卖双方的合法性方法等。

（二）电子商务的应用支柱

1. 政策法律支柱

政策法律是电子商务应用框架的社会人文性支柱，它是指与电子商务有关的相关政策与法令，涉及政策法律和隐私权问题，包括隐私权的保护、知识产权保护、言论自由、消费者保护、税法、加密政策等。

2. 技术标准支柱

技术标准是电子商务应用框架的科技性支持，是信息发布和传递的基础，是网络上信息一致性的保证。技术标准定义了用户接口、传输协议、信息发布标准、安全协议等技术细节。就整个网络环境来说，标准对于保证兼容性和通用性是十分重要的。

三、电子商务的系统结构

电子商务系统是保证以电子商务为基础的网上交易实现的体系。随着电子商务总框架模型的建立和完善，传统商务运作逐步向电子商务运作方向演化，逐渐形成了电子商务条件下的商务系统。这里从电子商务系统角色的角度阐述电子商务系统的基本结构，并在此基础上分析电子商务系统的组成以及企业电子商务系统的应用结构。

（一）电子商务系统的组成结构

电子商务系统是一个多方参与、互相支持、互为条件的大系统，各参与者在其中扮演着不同的角色，完成各自不同的功能。与传统商务最大的区别是，参与商务活动的各方是完全通过网络等电子技术手段进行信息沟通和业务合作的，因此需要一些与传统商务活动不同的角色，如用于网上身份验证的CA、完成商品配送的物流中心和提供电子商务相关服务的电子商务服务商等。即使是另外一些与传统商务中相同的角色，在电子商务系统中其功能和定位也发生了巨大的变化，如提供网上支付服务的银行、消费者等都与传统意义下角色意义不同。

1. 电子商务系统的基本组成要素

由于电子商务的覆盖面很广，因此不同的电子商务应用系统涉及的具体对象也各不相同。但总体看来，电子商务系统的基本组成要素一般包括采购者、供应者、支付系统、CA、物流配送中心和电子商务服务商，电子商务活动以网络系统为基础，涉及多方参与和支持，相互协作开展业务，共同完成电子商务系统的功能。

(1) 电子商务网络系统。

电子商务网络系统包括互联网、内联网和外联网。互联网是电子商务的基础，是全世界范围内进行商务、业务信息传送的载体；内联网是企业内部商务活动和经营管理的网络平台；外联网是企业与企业自己及企业与客户之间进行商务活动的纽带。

(2) 采购者。

电子商务系统中的采购者，即需求方，是指那些通过电子商务系统购买有形、无形商品或服务的企业用户或个人消费者。无论是个人用户还是企业用户都可以通过网络来实现电子商务交易，包括通过网络选择商家和商品、实现电子支付、选择适当的商品配送方式等。企业用户还可以通过企业内联网、外联网和企业管理信息系统，对人、财、物、供、销、存进行科学管理。

(3) 供应者。

通过电子商务系统提供商品（包括有形、无形商品和服务）的企业或个人，都是电子商务系统中的供应者。一般情况下，供应者是通过电子邮件、电子广告、网站商品目录等形式发布商品和服务信息，并提供可供消费者选择的支付方式和送货方式，其中的无形商品和咨询服务可以通过网络直接传送给购买者，供应者可以建立电子商务网站或在其他的电子商务网站上建立网页。

(4) 支付系统。

相对完整的电子商务过程应该有电子支付系统，以提供方便的支付方式和银行业务。电子支付系统的功能是为电子商务系统中的采购者和供应者等其他系统角色提供资金支付方面的服务，并保证支付的安全性。电子商务中的支付系统一般由网上银行承担。网上银行就是应用网络技术提供在线金融服务的银行系统。支付系统一般包括计算机网络系统、网络支付工具、安全控制机制等，网上银行有两种模式：一种是完全在网上运作的纯网上银行；另一种由传统银行提供网上银行服务。

(5) CA。

CA(Certificate Authority，证书授权中心)是受法律承认的权威机构，是交易各方都信任的公正的第三方中介机构。CA 的主要负责为参与电子交易活动的各方发放和维护数字证书，以确认各方的真实身份，保证电子交易整个过程的安全稳定进行。

(6) 物流配送中心。

物流配送中心可由商家自建，也可以委托专业物流公司完成配送业务。商家把备货单发往物流配送中心，配送中心接到配送要求后，负责及时地将无法从网上直接传递的有形实物商品送达需求方指定的地点，并跟踪商品的动态流向。

(7) 电子商务服务商。

电子商务服务商(ISP/ICP/ASP)专指提供网络接入服务、信息服务及应用服务的商家。ISP 指专门为用户提供互联网接入服务或互联网信息服务的公司和机构,如我国的中国电信集团公司、中国移动通信集团公司等。ICP 指互联网的内容提供商,提供互联网信息搜索、整理加工等服务,如搜狐、新浪等。ASP(Application Service Provider)是应用服务提供商,主要是为企事业单位进行信息化建设和开展电子商务提供各种基于互联网的应用服务机构。

2. 电子商务系统的网络服务平台

(1) 各类网络平台。

网络平台是支持电子商务系统运行的技术基础。电子商务必须在一定的网络平台上运行。例如,互联网、内联网、外联网和商业增值(VAN)等,一般都可作为电子商务网络平台。

在基于互联网的电子商务系统中,网络平台的功能一般由互联网服务商 ISP 承担。

(2) 网络平台的特点。

电子商务系统赖以运行的网络服务平台,支撑着电子商务活动的全过程。因此,一个完善的电子商务系统的网络服务平台应该需要连接可靠、协同工作顺畅、网络易管理、科学的过渡策略和技术、提供更多选择。

电子商务所依赖的网络服务环境所涉及的不仅仅是买卖双方,也不仅仅是软硬件的购买,而是在网络基础上,将电子商务系统中的各个角色紧密结合在一起,从而消除时间与空间带来的障碍。随着互联网技术的发展,通信速度的提高和通信成本的降低给电子商务向大范围扩展提供了广阔的天地。更为重要的是,利用互联网进行电子商务,其成本低廉,因此,电子商务的主体都基于互联网。

(二) 企业电子商务系统的应用结构

企业是实施电子商务的主体。对企业而言,基于互联网的电子商务意味着极大地降低成本、降低库存和缩短生产周期,互联网使得企业可以获得新的管理、新的价值、新的增长、新的商机。

企业电子商务活动的开展需要特定的电子商务系统的支持。企业电子商务系统是建立在外部电子商务环境之下的,支持企业电子商务系统的外部环境主要是电子化银行支付系统、CA 等。该系统以提高企业的核心竞争力、增加利润为目标,在功能上要满足企业的采购、生产、销售、管理和对外业务协作的需要,并能为企业提供分析、决策及商业智能服务。企业电子商务系统内部具有一定的层次结构,同时它要受到社会环境的影响,要与外部电子商务设施相关联。

1. 企业内部信息系统

企业电子商务系统的最底层是基于互联网的企业内部信息系统,该部分主要是实现企业内部生产管理和信息管理的电子化与自动化,它面对的是企业内部的用户。它利用

TCP/IP 协议、互联网技术进行企业内部信息系统的构建,包括企业内部电子数据处理系统和商务智能(BI)等。

2. 电子商务基础平台

在企业内部信息系统之上的是电子商务基础平台。电子商务基础平台主要为企业提供系统管理、安全管理、负荷均衡、站点管理、传输管理和数据管理等功能。电子商务基础平台必须具备高扩展性、高可靠性和集中控制等特性,以使电子商务系统能在 24 小时运转。

3. 电子商务服务平台

在电子商务基础平台之上的是电子商务服务平台。电子商务服务平台的主要功能是提供各种应用系统平台,为电子商务系统提供公告服务,为企业的商务活动提供直接支持,以增强系统的服务功能,简化应用软件的开发等。这些功能是通过集成成熟的应用软件来实现的,如客户关系管理、搜索引擎等。

4. 电子商务应用系统

电子商务应用系统位于电子商务服务平台之上,是企业电子商务系统的核心。它是企业电子商务的具体应用和表现形式,是以实现企业的商务目的为目标,使用各种与互联网有关的技术手段,在 Web 上建立起自己的电子商务应用系统。

5. 电子商务应用平台

电子商务系统的顶层是电子商务应用平台,它是直接面对电子商务系统的最终用户。该平台是以 Web 服务器为核心,其支持的终端为个人电脑、无线移动设备、掌上电脑和其他信息终端。

6. 安全保障环境

安全保障环境是保障企业商务活动安全的一整套方案,主要包括安全策略、安全体系和安全措施等内容。

本 章 小 结

本章介绍基于参与主体对电子商务模式进行的分类和基于数字化程度的电子商务模式分类。根据参与电子商务活动的主体对电子商务的基本模式进行划分,企业、消费者和政府是电子商务活动的三大主要参与者,因此,电子商务的基本模式主要包括企业间电子商务(B2B)、企业对消费者电子商务(B2C)、企业与政府间电子商务(G2B)、政府间电子商务(G2G)以及消费者间电子商务(C2C)共 5 种。根据电子商务的基本模式,在实际应用中还可衍生出一些电子商务模式。

根据商务运作中所销售的产品或服务、销售过程以及代理人或中间商这 3 个维度的数字化程度的可能组合,电子商务可划分为不完全电子商务和完全电子商务。

从概念模型角度考察电子商务的总框架,又从管理运作视角来考察电子商务的应用框架,电子商务的各类应用建立在四个基础设施层和两大支柱之上。这四个基础设施分别是网络基础设施、多媒体信息发布基础设施、信息传播基础设施、商业服务基础设施;两大支柱是政策法律支柱和技术标准支柱。

电子商务系统的基本组成要素一般包括采购者、供应者、支付系统、CA、物流配送中心和电子商务服务商,电子商务活动以网络系统为基础,涉及多方参与和支持,相互协作开展业务,共同完成电子商务系统的功能。企业电子商务系统内部具有一定的层次结构,包括企业内部信息系统、电子商务基础平台、电子商务服务平台、电子商务应用系统、电子商务应用平台和安全保障环境。

课后案例

京东的模式创新

1. 京东简介

京东于2004年正式涉足电商领域。2014年5月,京东集团在美国纳斯达克证券交易所正式挂牌上市,是中国第一个成功赴美上市的综合型电商平台。2020年6月,京东集团在香港联交所二次上市,募集资金约345.58亿港元,用于投资以供应链为基础的关键技术创新,以进一步提升用户体验及提高运营效率。

2017年年初,京东全面转型,迄今京东体系已经投入了近900亿元用于技术研发。

京东集团定位于"以供应链为基础的技术与服务企业",目前业务已涉及零售、科技、物流、健康、保险、产发、工业、自有品牌和国际等领域。作为同时具备实体企业基因和属性、拥有数字技术和能力的新型实体企业,京东依托"有责任的供应链",持续推进"链网融合",实现了货网、仓网、云网的"三网通",不仅保障自身供应链稳定可靠,也带动产业链上下游合作伙伴数字化转型和降本增效,更好服务实体经济高质量发展。

京东集团奉行客户为先、诚信、协作、感恩、拼搏、担当的价值观,以"技术为本,致力于更高效和可持续的世界"为使命,目标是成为全球最值得信赖的企业。

2. 京东零售:成为全球零售及零售基础设施服务商

京东零售集团坚持"以信赖为基础、以客户为中心的价值创造"的经营理念,持续创新,不断为用户和合作伙伴创造价值。京东零售集团是以供应链为基础的友好交易平台,致力于在不同的消费场景和连接终端上,通过强大的供应链、技术以及营销能力,在正确的时间、正确的地点为客户提供适合他们的产品和服务。

过去十九年,京东零售已完成了电脑数码、手机、家电、消费品、服饰、居家、美妆、运动户外、奢品钟表、生鲜、生活服务、工业品等全品类覆盖。京东超市的全渠道业务覆盖电商、实体门店、即时零售、企业业务、餐饮业务等线上线下业态,形成了品类完善、规模庞大的全渠道布局。京东新百货致力于新的数字化全渠道模式探索与实践,通过线上线下一体化的沉浸融合场景打造,为年轻消费群体提供涵盖服饰、居家、美妆、运动户外、奢品钟表等全场景商品、服务和一站式新时尚生活解决方案。京东国际是京东旗下进口商品一站式消费平台,是京东集团国际化战略布局重点业务之一。2019年11月,京东进口业务战略升级为京东国际。京东生活服务包含京东汽车、京东拍卖、京东农林花卉、京东图书文教、京东房产、京东旅行六大板块。京东零售企业业务为政府、企业及事业单位提供智能化、定制化的采购管理解决方案。京东"全链路服务"基于供应链优势,为用户建立了全时段、全周期、全场景、全渠道四个维度的保障。

3. 京东科技:更懂产业的数智化解决方案提供商

京东科技是京东集团旗下专注于以技术为政企客户服务的业务子集团,秉承"以科技引领产业数智化升级,推动世界更加高效和美好"的使命,京东科技致力于为城市、企业、金融机构等各类客户提供全价值链的技术性产品与服务。京东科技现已成为整个京东集团对外提供技术服务的核心平台,是更懂产业的数智化解决方案提供商。基于人工智能、云计算、大数据、物联网等前沿科技,依托京东多年耕耘供应链的积累,京东科技面向不同行业提供以供应链为基础的数智化解决方案,助力千行百业的数字化转型与升级,实现高质量发展。

4. 京东物流:成为全球供应链基础设施服务商

京东集团2007年开始自建物流,2017年4月25日正式成立京东物流集团。京东物流是中国领先的技术驱动的供应链解决方案及物流服务商,以"技术驱动,引领全球高效流通和可持续发展"为使命,致力于成为全球最值得信赖的供应链基础设施服务商。

截至2022年6月30日,京东物流运营超1400个仓库,包含京东物流管理的云仓面积在内,京东物流仓储总面积约2600万平方米。同时,在全球运营近90个保税仓库、直邮仓库和海外仓库,总管理面积近90万平方米。京东物流的服务产品主要包括仓配服务、快递快运服务、大件服务、冷链服务、跨境服务等,其一体化业务模式能够一站式满足所有客户供应链需求,帮助客户优化存货管理、减少运营成本、高效地重新分配内部资源,使客户专注其核心业务。

京东物流始终重视技术创新在企业发展中的重要作用。基于5G、人工智能、大数据、云计算及物联网等底层技术,京东物流正在持续提升自身在自动化、数字化及智能决策方面的能力,不仅通过自动搬运机器人、分拣机器人、智能快递车、无人机等,在仓储、运输、分拣及配送等环节大大提升效率,还自主研发了仓储、运输及订单管理系统等,支持客户供应链的全面数字化,通过专有算法,在销售预测、商品配送规划及供应链网络优化等领域实现决策。

5. 京东健康:致力于成为"国民首席健康管家"

京东健康是京东集团旗下专注于医疗健康业务的子集团,成立于2019年5月,并于2020年12月登陆香港联交所,股票代码HK.6618。基于"以医药及健康产品供应链为核心、医疗服务为抓手、数字驱动的用户全生命周期全场景的健康管理企业"的战略定位,京东健康已经成为先进的医疗健康商品、服务、解决方案提供商,产品及服务可覆盖医药健康全产业链、医疗全流程、健康全场景、用户全生命周期。

全球著名的企业管理大师彼得·德鲁克说,当今企业之间的竞争,不是产品之间的竞争,而是商业模式之间的竞争。电子商务的主要特征之一就是它创造了新的商业模式。作为中国电子商务自主平台的领军企业,京东自发展之初就不断探索创新且践行无畏。

商业模式可以从多环节、多视角进行全方位的评估。对其商业模式进行研究:于利益相关者而言,有利于评价京东的未来盈利能力;于京东自身而言,可以认识到商业模式中存在的不足和发展机遇;于竞争对手而言,可以通过京东模式审视自身模式的优劣;于整个电子商务产业而言,有利于管窥全貌,提升整体布局,具有较强的现实意义。

(资料来源:https://about.jd.com/company)

思考题

(1) 对比分析本章开篇案例中亚马逊与京东的发展历史和现状。

(2) 针对京东面临的机遇,试给出促进京东后续发展的建议。

课后调研

◇ 登录中国国际电子商务网(http://www.ec.com.cn),阅读最近半年的"电子商务资讯摘要",总结调研结果。

◇ 访问拼多多(https://www.pinduoduo.com)或者手机安装拼多多APP,分析该电商采用的是什么电子商务模式,回顾其发展历程,总结它的优势。

◇ 访问携程(https://www.ctrip.com),借助站内信息,制定一个五天旅游行程计划,分析其电子商务模式属性,并评价网站内容服务。

第三章　电子商务法律与税收

 引入阅读

个人信息安全

案情简介：2019年2月起，被告孙某以3.4万元的价格，将自己从网络购买、互换得到的4万余条含自然人姓名、电话号码、电子邮箱等的个人信息，通过微信、QQ等方式贩卖给案外人刘某。案外人刘某在获取相关信息后用于虚假的外汇业务推广。杭州下城区检察院认为，被告孙某该行为严重侵害社会众多不特定主体的个人信息权益，致使社会公共利益受到侵害，应当依法承担赔偿损失、赔礼道歉等民事责任。

经审理，杭州互联网法院判决孙某支付侵害社会公共利益的损害赔偿款3.4万元，专门用于信息安全保护或个人信息保护等公益事项，并在《浙江法制报》向社会公众刊发赔礼道歉声明。

典型意义：本案系全国首例适用民法典的个人信息保护民事公益诉讼案。个人信息保护已成为广大人民群众最关心最直接最现实的利益问题之一。本案明确个人信息保护不仅涉及自然人个人的权益保障，同时也具有社会公共利益的属性。对于公益诉讼起诉人依法对侵害众多不特定自然人个人信息的行为提起民事公益诉讼，人民法院应当依法受理，充分体现对涉及公共利益的社会不特定民事主体人格尊严和人格自由的保护和尊重。

（资料来源：https://www.sohu.com/a/680467127_121106842）

第一节　电子商务法律概况

一、电子商务法的概念

目前，世界上对电子商务的概念还没有统一的说法，所以作为规范电子商务的电

商务法也没有一个完整统一的概念。但大部分的国内外法律法规文件或论著都对电子商务法有广义和狭义两种解释。广义的电子商务法与广义的电子商务相对应,包括了所有调整以数据电文方式进行的商务活动的法律规范。其内容涉及广泛,包括调整以电子商务为交易形式的和以电子信息为交易内容的法律规范,如联合国的《电子商务示范法》。

狭义的电子商务法,则对应于狭义的电子商务,是调整以数据电文为交易手段而形成的因交易形式所引起的商事关系的法律规范。这是实质意义上的电子商务法,也是作为部门法意义上的电子商务法。它不仅包括以电子商务命名的法律法规,还包括其他各种制定法中有关电子商务的法律规范。在实际运用中,广义的电子商务法概念虽然有时在具体应用时比较通俗、方便,特别是在对涉及将电子商务法作为一个法律群体给予称谓时,可以方便使用,但是在具体的立法与司法实践中却比较难以运用。所以,从便于立法和研究的角度出发,狭义的电子商务法概念比较适用于实际。

由此可以将电子商务法的概念具体归纳为:电子商务法是调整政府、企业和个人以数据电文为交易手段,通过信息网络产生的,因交易形式所引起的各种商事交易关系,以及与这种商事交易关系密切相关的社会关系、政府管理关系的法律规范的总称。

二、电子商务法的特征和原则

(一) 电子商务法的特征

1. 国际性

互联网是没有国界的。20世纪90年代以后,世界上几乎每一个国家都与互联网相连接,已经打破了国家和地区之间的界线。由于通过互联网络进行的电子商务活动是一种世界范围内的商务活动,所以电子商务法必须适应全球化的要求,与国际接轨,以此来解决电子商务法律问题的实际需要。

2. 技术性

电子商务是网络经济与现代高科技发展的产物,计算机技术、网络技术、通信技术、安全保密技术等技术手段的应用使电子商务活动有别于传统商务活动,出现了传统民商法无法解决的技术问题。在已经出台的电子商务法中,许多法律规范都是直接或间接地由技术规范演变而成的,特别是在数字签名和数字认证中的密钥技术、公钥技术、数字证书等均是一定技术规则的应用。实际上,网络本身的运作也需要一定的技术标准,各国或当事人若不遵守,就不可能在开放环境下进行电子商务交易。

3. 开放性

电子商务法的技术性特征使电子商务始终处于不断发展变化之中,技术、手段、方法的应用也不断推陈出新。因此以开放的态度对待任何技术手段与媒介,设立开放性的规范,让各种有利于电子商务发展的设想和技术都能充分发挥作用,已成为世界组织、国家和企业的共识。

4. 安全性

当前,从事电子商务交易的商家或当事人感到最担心的就是电子商务的安全问题,如交易网络的安全、计算机系统的安全、资金交易的安全、个人数据与信息的安全、商业数据与信息的安全等。因此,电子商务法必须通过对电子商务安全问题进行规范,有效地预防和打击各种利用网络进行的犯罪,切实保证电子商务乃至整个计算机信息系统的安全。

5. 复杂性

参与电子商务交易的主体包括但不限于企业、政府和个人,这些主体之间进行交易须在网络服务商、银行金融机构、认证中心等的协助下才能完成,这就使电子商务的交易活动与传统交易相比,包含了多重法律关系,使电子商务法的法律关系也趋于复杂化。

(二) 电子商务法的基本原则

电子商务法的基本原则是电子商务立法的指导方针,是一切电子商务主体应遵循的行为准则,是对各项电子商务法律规范起统率和指导作用的法律精神和指导思想。它贯穿于整个电子商务立法过程和电子商务司法实践中,是电子商务相关法律规范的基础和核心。电子商务法的基本原则主要体现在以下几个方面。

1. 中立原则

如上所述,电子商务交易涉及复杂的交易主体、多个中介机构和不断发展变化的技术方式与手段,要想建立公平的交易规则,达到各方利益的平衡,实现公平的目标,在电子商务立法与实践中必须遵循中立原则。这里的中立包括技术中立、媒介中立、实施中立和同等保护。

2. 意思自治原则

意思自治原则是指参与电子交易的各方当事人完全可以按照自己的意愿与对方当事人协商,确定他们之间的协议条款,选择交易与履行方式,其中不含有被强迫的成分和由国家强制执行的可能。意思自治原则为电子商务当事人全面表达与实现自己的意愿预留了充分的空间,提供了确实的保障。

3. 安全原则

电子商务活动是在开放的互联网络环境下进行的,所以必将面临许多诸如计算机系统安全、电子支付安全、信息传递安全、交易主体身份安全等安全隐患。为了保证电子商务交易活动的顺利进行和交易各方的利益,仅采取技术上的安全措施是远远不够的,还需要法律给予强制性的安全规范。强化电子签名的标准、规定认证机构的从业资格、严厉打击计算机犯罪、实行在线交易主体的网络经营备案登记制度等,都是安全原则在电子商务法中的集中体现。

三、电子商务法的作用

随着电子通信与计算机、网络技术的飞速发展和电子商务的广泛应用,电子商务法在经济活动中将发挥着重要的作用,这种重要作用主要表现在以下几个方面。

(一)为电子商务健康、快速发展创造良好的法律环境

电子商务作为一种新兴的商务模式,受到世界各国的普遍关注,如何为电子商务创造一个良好的法治环境,并以此来规范电子商务交易各方在虚拟网络下进行交易的规则,保证整个交易活动的有序进行,是电子商务法的根本任务。起草、制定、完善电子商务立法对全球电子商务健康、快速发展将起到极其重要的作用。

(二)为规范电子商务活动提供保障

电子商务法对在网上进行交易的过程,交易双方的权利义务,都按照电子商务的特点做出全新的规定,并对一些技术性问题加以规范,使电子商务活动可以按照法律规定的程序进行。电子商务法明确交易双方的责任,使双方发生纠纷时可以按照电子商务法的有关规定加以解决,从而使电子商务活动有法可依、有据可查,保障了电子商务活动按照规范顺利进行。

(三)为网络交易安全提供保障

电子商务网络交易的安全不仅要靠技术保障措施,更重要的是要靠电子商务立法来规范。通过电子商务法来惩治黑客攻击、计算机犯罪等恶意行为,打击利用网络进行诈骗、侵权等故意行为,有效防止各种违法行为的发生,保障电子商务活动在安全的交易环境和安全的交易网络中正常进行。

(四)为鼓励利用现代信息技术进行交易活动提供支持

电子商务法平等地、开放地对待基于书面文件的用户和基于数据电文的用户,充分发挥高科技手段在商务活动中的作用,为电子商务的普及创造了方便条件。同时,电子商务法也旨在鼓励交易的参与者有效利用现代信息技术手段进行快速、方便、安全的交易,并以此提高经济增长和提高国际、国内贸易的效率。

四、国际社会电子商务立法概况

电子商务的发展对各国以及国际组织的法律规范都产生了很大的冲击,为此,世界上已有许多国家和国际组织,逐步制定电子商务活动的法律规范。

(一)联合国的电子商务立法

1.《电子商务示范法》

联合国国际贸易法委员会于1996年6月推出了《电子商务示范法》,这是迄今为止世界上第一个关于电子商务的法律。作为示范法,该法的内容对各国不具有直接的法律效力,但它对于各国的电子商务立法具有很大的指导作用,在电子商务法律领域具有不可忽视的重要意义。此外,《电子商务示范法》中表述的"对数据电文不加歧视"等原则为各国相关立法都产生了很大的借鉴意义。

2.《电子签字示范法》

随着电子商务的大规模推广,交易安全问题越来越突出。电子签字作为保障电子商务交易安全的重要手段,受到国际社会和各国政府的高度重视。2001年,联合国国际贸易法委员会通过《电子签字示范法》。

3.《电子通信公约》

联合国国际贸易法委员会积极推进制定国际公约,以提高国际电子商务法律的确定性和可预见性水平,最终促成了2005年联合国大会通过了《电子通信公约》。

(二)世界贸易组织的电子商务立法

1998年5月,WTO 132个成员方签署了《关于电子商务的宣言》,规定至少1年内免征互联网上所有贸易活动关税。1998年,WTO总务理事会通过了一个极具影响力的《电子商务工作方案》。1999年,WTO通过了《数字签名统一规则草案》,就电子合同实施中的电子签名问题做了初步规定。

(三)地区性组织的电子商务立法

目前已经或正在制定电子商务法律政策的主要是经济合作与发展组织(OECD)、欧盟等地区性组织。

1. OECD的电子商务立法

OECD在电子商务政策与立法方面起到先锋和模范作用。1992年制定了《信息系统安全指导方针》;1997年发表了《电子商务:税务政策框架条件》《电子商务:政府的机遇与挑战》等报告;1998年,OECD公布了《OECD电子商务行动计划》《有关国际组织和地区组织的报告:电子商务的活动和计划》《工商界全球商务行动计划》,并通过了《在全球网络上保护个人隐私宣言》《关于在电子商务条件下保护消费者的宣言》《关于电子商务身份认证的宣言》以及《电子商务:税务政策框架条件》报告。1999年,OECD制定了《电子商务消费者保护准则》,提出了保护消费者的三大原则和保护消费者的七个目标,并于2002年和2003年公布了《经济合作与发展组织信息系统与网络安全准则》和《经济合作与发展组织在跨国界特别是因特网商务欺诈行为中保护消费者准则》等重要法律性文件。

2. 欧盟的电子商务立法

欧盟从1997年起颁布了一系列保障和促进联盟内部电子商务发展的重要法律文件。欧盟委员会于1997年提出了《欧洲电子商务行动方案》,为欧盟电子商务活动制定了框架;1999年12月通过了《关于建立有关电子签名共同法律框架的指令》;于2000年5月又通过了《关于内部市场中与信息社会的服务,特别是与电子商务有关的若干法律问题的指令》。《电子签名指令》和《电子商务指令》两部法律文件协调与规范了电子商务立法的基本内容,构成了欧盟国家电子商务立法的核心和基础。2022年,欧盟制定了《数字市场法》《数字服务法》。

第二节 我国电子商务的法治建设

一、我国电子商务法治建设历程

自联合国国际贸易法委员会在1996年6月推出了《电子商务示范法》后,我国于1999年在《中华人民共和国合同法》(以下简称《合同法》)中加入了"数据电文"条款,为电子商务活动奠定了法律基础。随着我国电子商务实践的发展,2004年我国出台了《中华人民共和国电子签名法》(以下简称《电子签名法》),该法为我国第一部真正意义上的电子商务法,于2005年4月1日开始实行。

2005年出台《国务院办公厅关于加快电子商务发展的若干意见》明确了我国电子商务法律建设的具体内容。在该政策文件的指引下,《电子认证服务管理办法》《电子支付指引(第一号)》《信息网络传播权保护条例》《电子银行业务管理办法》《互联网电子邮件服务管理办法》等先后出台并实施,分别从电子认证服务、网上支付、知识产权、网络交易与安全等方面作出明确规定。

2011年4月商务部出台了《第三方电子商务交易平台服务规范》,2011年12月工业和信息化部第22次部务会议审议通过了《规范互联网信息服务市场秩序若干规定》,2012年商务部又先后出台了《商务部关于"十二五"电子商务信用体系建设的指导意见》以及《商务部关于开展国家电子商务示范基地创建工作的指导意见》等规定。我国电子商务及信息化法律环境中的不足和空白得到了一定程度的弥补,电子商务交易行为有所规范,企业与个人的权益得到了进一步保护。

2016年11月7日,第十二届全国人民代表大会常务委员会第二十四次会议通过《中华人民共和国网络安全法》(以下简称《网络安全法》),自2017年6月1日起施行。《网络安全法》的出台是为了保障网络安全,维护网络空间主权和国家安全、社会公共利益,保护公民、法人和其他组织的合法权益,促进经济社会信息化健康发展。

2018年8月31日,第十三届全国人民代表大会常务委员会第五次会议表决通过了《中华人民共和国电子商务法》(以下简称《电子商务法》,见图3-1),并由中华人民共和国主席令第七号公布,自2019年1月1日起施行。《电子商务法》是我国电子商务领域的第一部综合性、基础性法律。该法的颁布,对于充分发挥立法的引领和推动作用,保障电子商务各方主体的合法权益,规范电子商务行为,促进电子商务持续健康发展,具有重要意义。

图 3-1　中华人民共和国电子商务法

二、电子商务中的法律制度

(一) 网络服务提供商法律制度

我国现行法律对国际联网、接入互联网、网站管制等方面均有相关规定。国家对国际联网实行分级管理的原则,由国务院工信部负责协调、解决有关国际联网工作中的重大问题。

从网站经营者在信息传输中的作用或者网站经营者对信息内容的控制角度来看,网络服务商大致可以分为网络内容服务提供商和网络中介服务提供商两类。前者负有向用户提供良好的服务,并保证所提供信息内容合法的义务;后者负有监控、保密义务和协助调查义务。网络服务商应依法提供网络服务,不得利用互联网侵犯他人合法权益。网络服务商侵权仍然适用侵权行为理论中的过错归责原则,根据过错承担相应的法律责任。

(二) 电子合同法律制度

1. 电子合同的法律效力

电子合同是当事人之间通过信息网络以电子形式达成的设立、变更、终止财产性民事权利义务关系的协议。根据我国现行《合同法》相关的规定,将合同分为口头形式、书面形式和其他形式 3 种。书面形式是指合同书、信件和电子意思表示(包括电传、传真、电子数据交换和电子邮件)等可以有形地表现所载内容的形式,已明确将电子数据交换和电子邮件等网络通信方式纳入书面形式的范畴,赋予其法律效力。《电子商务法》明确电子商务当事人使用自动信息系统订立或者履行合同的行为对使用该系统的当事人具有法律效力。

2. 电子合同的订立和履行

《电子商务法》第四十七条,电子商务当事人订立和履行合同,适用本章和《中华人民共和国民法总则》《合同法》《电子签名法》等法律的规定。

电子合同的订立程序包括要约和承诺。合同的成立是指合同具备法定或约定的构成要素。电子合同当事人作为合同权利义务的承担者、合同的主体,其资格直接影响到合同的效力与履行。意思表示真实是指行为人表现于外部的表示与其内在意志相一致或相符合。当事人意思表示真实是合同有效的必要条件。意思表示的不真实主要表现为意思表示的欠缺和意思表示的瑕疵。

《电子商务法》明确电子商务经营者发布的商品或者服务信息符合要约条件的,用户选择该商品或者服务并提交订单成功,合同成立。当事人另有约定的,从其约定。电子商务经营者不得以格式条款等方式约定消费者支付价款后合同不成立,格式条款等含有该内容的,其内容无效。电子商务经营者应当清晰、全面、明确地告知用户订立合同的步骤、注意事项、下载方法等事项,并保证用户能够便利、完整地阅览和下载。

电子合同的履行是当事人在履行合同义务时所应遵循的基本准则。在这些基本准则中,有的是合同法的基本原则,如诚实信用原则、公平原则、平等原则等;有的是专属于合同履行的原则,如适当履行原则、协作履行原则等,电子合同既然是合同中的一种,当然也应当遵循上述原则。电子合同的违约责任仍然是严格责任。严格责任意味着只要有违约行为发生就得承担违约责任,而不再以违约人是否存在过错、守约人是否因此受到损害为要件。

(三) 电子支付法律制度

1. 电子支付的任务

支付结算的任务表现为根据经济往来,准确、及时、安全地办理支付结算,并按照有关法律、法规和规章的规定管理支付结算,保障支付结算活动的正常运行。

电子支付是指以计算机及网络为手段,将负载有特定信息的电子数据取代传统的支付工具用于资金流转,并具有实时支付效力的一种支付方式。在电子商务环境下,支付电子化、自动化,出现了一系列的电子支付工具,电子支付方式大致可以分为三类:以信用卡为基础的支付,电子支票和电子货币。

2. 电子支付服务提供者的责任

《电子商务法》明确电子支付服务提供者为电子商务提供电子支付服务,应当遵守国家规定,告知用户电子支付服务的功能、使用方法、注意事项、相关风险和收费标准等事项,不得附加不合理交易条件;应当确保电子支付指令的完整性、一致性、可跟踪稽核和不可篡改;应当向用户免费提供对账服务以及最近三年的交易记录。

电子支付服务提供者提供电子支付服务不符合国家有关支付安全管理要求,造成用户损失的,应当承担赔偿责任。未经授权的支付造成的损失,由电子支付服务提供者承担。

3. 电子支付法律关系的当事人

电子支付法律关系的当事人一般有付款人、收款人和金融机构,如果是在线电子支付,当事人通常还包括认证机构。这些当事人分别享有各自的权利并承担相应的义务。

(四) 电子签名与认证法律制度

1. 电子签名的法律效力

电子签名是指数据电文中以电子形式所含、所附用于识别签名人身份并表明签名人认可其中内容的数据。数据电文是指以电子、光学、磁或者类似手段生成、发送、接收或者储存的信息。

可靠性是电子签名的最基本特征,联合国贸法会《电子签字示范法》以其核心条款(第六条)对之作了规定。它以《电子商务示范法》第七条为基础,并为检验电子签名的可靠性提供了标准。我国《电子签名法》对其也作了相关的规定。可靠的电子签名与手写签名或者盖章具有同等的法律效力。

2. 电子签名认证机构的责任义务

电子签名人是指持有电子签名制作数据并以本人身份或者以其所代表的人的名义实施电子签名的人。其主要义务包括:真实陈述义务;履行合理的注意义务;妥善保管和通知义务;通知和终止义务等。电子签名人或者电子签名依赖方因依据电子认证服务提供者提供的电子签名认证服务从事民事活动遭受损失,电子认证服务提供者不能证明自己无过错的,承担赔偿责任。

电子认证是以特定的机构对电子签名及其签名人的真实性进行验证的、具有法律意义的服务。认证机构应具备的特点包括:独立的法律实体,具有中立性与可靠性、被交易的当事人所接受、其营业目的是提供公正的交易环境。

认证机构的主要义务包括:审查义务、认证内容的义务、通知义务、停止服务方面的义务、信息保存和保密义务等。

认证机构颁发的认证证书又称数字证书,是指可证实电子签名人与电子签名制作数据有联系的数据电文或者其他电子记录。证书的类型包括:客户证书、商家证书、网关证书和认证机构系统证书。

(五) 电子商务中知识产权法律制度

《电子商务法》第四十一条,电子商务平台经营者应当建立知识产权保护规则,与知识产权权利人加强合作，依法保护知识产权。第四十二条，知识产权权利人认为其知识产权受到侵害的，有权通知电子商务平台经营者采取删除、屏蔽、断开链接、终止交易和服务等必要措施。通知应当包括构成侵权的初步证据。

电子商务知识产权侵权问题主要表现形式有以下几点。

1. 网络版权侵权

网络著作权可定义为：法律赋予著作权人享有对作品的专有权利在互联网络中的延伸。虽然《著作权法》及其相关条例无法对于作品的范围列举穷尽，但具备"独创性"与"可复制性"的各类成果均属于著作权法律制度保护的对象。

网络传播权案件纠纷分为直接侵权与间接侵权。"直接侵权"是指未经版权人许可也缺乏"合理使用"或"法定许可"等抗辩理由，而实施受版权人专有权利控制的行为。"间接侵权"是指行为人并未直接实施受专有权利控制的行为，但其行为与他人的"直接侵权"行为之间存在特定关系，一些国家的版权法或司法判例中也将这类行为规定为侵权行为。

2. 网络商标侵权

商标的专用权是商标权人最基本的一项权利，即商标权人有权将核准注册的商标使用在核定使用的商品或者服务上，其他权利均是从商标专用权衍生出来的。网络商标侵权行为是以网络和与网络有关的技术工具为载体或手段来实施的侵犯他人商标专用权的行为。与传统商标侵权相比较，不仅有实施领域的改变，更有侵权手段的演变。我国法律有关网络商标侵权行为的规约较少，尚没有针对网络商标侵权出台专门的法律或司法解释。非严格法律意义上规则和责任并存，这在一定程度上体现出网络自治的特点。

3. 网络域名侵权

域名与计算机的 IP 地址相对应，是指互联网络上识别和定位计算机的层次结构式的字符标志。域名的法律特征在很大程度上取决于它的技术特征，主要包括：技术性、唯一性、稀缺性、全球性、标示性与价值性。工业和信息化部负责我国互联网络域名的管理工作，域名体系以公告形式公布。任何人认为他人已注册的域名与其合法权益发生冲突的，均可以向争议解决机构提出投诉。投诉人和被投诉人应当对各自的主张承担举证责任。

（六）电子商务消费者权益保护法律制度

1. 网络环境下的消费者权益保护问题

网络环境下消费者保护或消费者信任包含两个方面的内容：一个是传统消费者权益保护法意义上的消费者保护内容；另一个是网上交易安全的内容，也就是使消费者相信网络交易的真实性和可靠性。

我国《消费者权益保护法》《中华人民共和国产品质量法》和《合同法》等法律法规体

系确立了传统消费契约条件下的消费者保护体系,但在电子商务情形下,由于其与传统交易和传统消费契约的区别,可能会出现六种情况。第一,极易发生网上欺诈现象;第二,电子监控与传统隐私价值的冲突;第三,电子自助与消费者的财产安全;第四,在线交易的退换货问题;第五,点击合同和拆封授权合同与传统意思表示理论的摩擦;第六,经营场所的虚拟化与消费者权益保护的问题。

2. 消费者权益保护相关法律的修订

(1) 消费者权益保护。

我国的《消费者权益保护法》具体规定了消费者的九项权利:安全权、知情权、选择权、公平交易权、求偿权、结社权、获知权、受尊重权、监督批评权。修订的《消费者权益保护法》,增加了七天无理由退货、强制召回、消协可以公益诉讼等,明确了精神损害赔偿权,加大了行政部门职责和严格保护个人信息等。

《电子商务法》明确电子商务经营者应当全面、真实、准确、及时地披露商品或者服务信息,保障消费者的知情权和选择权;电子商务经营者搭售商品或者服务,应当以显著方式提请消费者注意,不得作为默认同意的选项;电子商务经营者应当按照承诺或者与消费者约定的方式、时限向消费者交付商品或者服务,并承担商品运输中的风险和责任;电子商务平台经营者知道或者应当知道平台内经营者销售的商品或者提供的服务不符合保障人身、财产安全的要求,或者有其他侵害消费者合法权益行为,未采取必要措施的,依法与该平台内经营者承担连带责任。

(2) 个人信息保护。

我国《网络安全法》《消费者权益保护法》《民法总则》及相关司法解释等对消费者隐私权的保护都进行了相关规定,同时我国还将严重侵犯消费者隐私权的犯罪行为列入《中华人民共和国刑法》遏制的范畴。2017年6月1日起正式实施的《网络安全法》《最高人民法院、最高人民检察院关于办理侵犯公民个人信息刑事案件适用法律若干问题的解释》等,对于消费个人数据隐私权的保护起到了重要的推进作用:规范了电子商务交易过程消费者个人信息的收集、披露、公开、传播等行为,同时通过隐私权侵犯标准的认定、责任承担和侵权处罚标准的细化,实现电子商务中消费者隐私权的有效保护。

《电子商务法》明确电子商务经营者收集、使用其用户的个人信息,应当遵守法律、行政法规有关个人信息保护的规定;电子商务经营者应当明示用户信息查询、更正、删除以及用户注销的方式、程序,不得对用户信息查询、更正、删除以及用户注销设置不合理条件;有关主管部门依照法律、行政法规的规定要求电子商务经营者提供有关电子商务数据信息的,电子商务经营者应当提供。有关主管部门应当采取必要措施保护电子商务经营者提供的数据信息的安全,并对其中的个人信息、隐私和商业秘密严格保密,不得泄漏、出售或者非法向他人提供。

(3) 网络广告规范。

互联网广告,又称网络广告的表现形式主要有网络视频广告、电子邮件广告、网页广告等。网络广告需要对其确立相应的广告规制是指由各种相互制约的力量综合发挥作用而形成的规则体系。《中华人民共和国广告法》(以下简称《广告法》)是规则体系中的基本法律之一。2014年8月全国人大常委会围绕规范广告活动,适应广告发布媒介形式发生的变化,解决广告实践中产生的突出的问题修改该法,自2015年9月1日施行。《广告法》修改的内容包括对互联网广告进行了规范,强化了广告监管部门的责任,新增了有关广告行业自律的规定和有关大众传媒的法律法规。

《电子商务法》明确电子商务平台经营者应当根据商品或者服务的价格、销量、信用等以多种方式向消费者显示商品或者服务的搜索结果,对于竞价排名的商品或者服务,应当显著标明"广告";电子商务经营者根据消费者的兴趣爱好、消费习惯等特征向其提供商品或者服务的搜索结果的,应当同时向该消费者提供不针对其个人特征的选项,尊重和平等保护消费者合法权益。电子商务经营者向消费者发送广告的,应当遵守《广告法》的有关规定。

第三节 电子商务税收

一、电子商务税收及其特点

(一)税收的定义

税收是由政府对境内居民或商业机构实行的强制性征收。在大部分国家,税收是国家重要的收入来源。国家通过税收收入来维持其各种公共服务的支出。大部分人在一生中都会感觉到各种税收对自己的影响。

(二)电子商务税收的特点

传统商贸活动中,涉及贸易的买方和卖方都有固定的注册地址,两者交易的商品以有形物品为主。交易数据会以纸质形式记录下来并录入卖方的会计系统,然后,由买方支付款项中的税额部分经由卖方转到税务机关。相对于传统税收方法,电子商务的税收特点有以下四方面。

1. 跨境商业

电子商务是不受地域限制的,同时,网络交易可在全球范围内进行。远程商业交易模式的高速发展将会使跨境交易数量大幅上升,当然随之而来的税收问题也会不断增加。

跨境交易的税收历来都是税收难题,往往会牵涉不同的国家和地方政府。电子商务公司需要处理与不同归属地税收部门的关系。所以,电子商务的税收很复杂,它需要避免多方收税、关联税收以及处理好网络交易税具体征收部门的问题。

2. 数字化商业

网上购买的数字化商品,即无形商品,可以直接通过网络进行传输配送。而在多数情况下,税法并没有现成的针对无形商品课税的条款,同时,也很难定义如网络音乐文件或软件等无形产品。比如,卖家在同一销售交易的过程中提供两种方式,软件和邮件技术支持服务,前者可课税,后者难以课税。这类数字化产品的问题增加了税务机关在制定电子商务税法时的难度和复杂性。电子商务税法必须体现对无形产品特别是数字化产品课税的特点。

3. 无纸化交易

互联网使实时无纸化交易激增。这就要求税务机关与时俱进,简化缴税程序的同时建立更加有效和经济的网上审计和缴税系统。

4. 散点式雇员

电子商务公司的员工往往分散在全国不同地方甚至是世界各地,不同以往在同一地点集中办公。这就引出了雇主是否需在其雇员所在地缴税的问题。因为根据税法规定,企业必须向在有其雇员的当地政府缴交营业税。电子商务企业的员工往往分布很广,该企业是否要在所有这些城市缴税?企业雇员的分散性分布也是电子商务税收立法中需要体现的特点。

二、电子商务的税收问题

任何国家的税收法律制度都有固定的结构。一般而言,税法最基本的三大要素是纳税主体、征税客体和税率。因为互联网的独特属性和现行税法对传统贸易的规定是有冲突的。

首先,征税对象难以监控和定义,现行税法的征税对象以物流为主,容易监控;而电子商务的征税对象以信息流为主,再加上电子加密技术的应用,难以监控和定义。

其次,传统税法是基于缴税个体有固定的物理存在的。互联网跨境交易的特性,往往使得定位买家和卖家的工作变得很困难。同时,电子商务交易往往牵涉不同地区的税务部门、买家和卖家。这又使得如何合理收税以及如何分配税款成为问题,税收征管也面临电子商务纳税环节难以认定和控制等问题。

(一) 电子商务带来的国际税收问题

电子商务促进了全球化贸易的发展,产生了新的广大的税源,但是同时也给传统税收体制及税收管理模式带来了巨大的挑战,由此产生了一系列税收问题。

电子商务活动中,有些是实物商品通过电子化手段进行交易,这些交易活动由于涉及实物商品跨国界的运动,关税的征收还可以设法实现,但是像另外一些,比如直接通过网上交易的数字化产品,这些交易的产品可以直接在网上传输,其费用的支付也可以经由网络完成,整个交易过程很难进行设卡征税,这使得关税的征收变得非常困难。而且,各国的税收制度千差万别,进行全球化的电子商务也必须在税收制度上获得协调统一的进展。

(二) 传统税制不适应

传统税制规定,无论是从事生产、销售还是提供劳务、服务的单位和个人,都要办理税务登记。税务登记是既是征纳关系产生的基础,又是法律关系成立的依据和证明。而对电子商务来说,任何区域性计算机网络只要在技术上执行互联网协议,就可以连入互联网,任何企业缴纳一定的注册费,就可获得自己专用的域名,在网上自主从事商贸活动和信息交流,参与网上交易,税务登记与否成为问题。

(三) 交易地点和常设机构难以界定

传统的税收是以常设机构,即一个企业进行全部或部分经营活动的固定经营场所,来确定经营所得来源地。在传统贸易方式下,税收与关税的管理权通常是建立在地理界限的基础上。

在电子商务中常设机构这一概念却已无法界定,因为电子商务是完全建立在一个虚拟的市场上。企业的贸易活动不再需要原有的固定营业场所、代理商等有形机构来完成,大多数产品或劳务的提供并不需要企业实际出现,仅需一个网站和能够从事相关交易的软件。而且互联网上的网址、登录身份等,与产品或劳务的提供者并没有必然的联系,仅从这些信息上是无法判断其机构所在地的。

因此,在电子商务条件下,由于确定交易人所在地、交易所在地变得十分困难,从而在确定应由哪国政府的税务机构向何人征收税款时出现了矛盾。

(四) 课税对象的性质难以确定

电子商务改变了产品的固有存在形式,使课税对象的性质变得模糊不清。税务机关在对某一课税对象征税时,会因为不知其适用何种税种而无从下手。同时,电子商务中许多产品或劳务是以数字化的形式,通过电子传递来实现转化的,传统的计税依据在这里已失去了基础。

(五) 税收征控的依据难以保证

电子商务的无形化给税收征管带来了前所未有的困难。同时,电子商务的快捷性、直接性、隐匿性、保密性等,使得税收扣缴的控管手段不灵。此外,由于电子实体与其相对应物体之间缺乏联系,税务机构在对交易进行追踪时也会遇到一些困难。电子商务的发展还使得参加交易的企业的数量,特别是中、小企业的数量大大增加,同时削弱了中介机构在交易中的作用。这就使得税务部门难以像过去一样,通过贸易的中介机构等这些征税点集中征税,而是必须从更多的分散的纳税人那里收取相对来说金额较小的税款,从而增加了征税的成本。另外,企业雇员的分散性分布也给电子商务税收带来困难。

三、电子商务税收法规

(一)电子商务税收的不同意见

在电子商务发展之初,作为全球化经济发展问题的电子商务税收就引来各方不同意见。1997年,美国政府坚持电子商务免税,阐明了态度:为了不妨碍电子商务的发展,课税应保持中立性;税收必须简单、透明及易于执行;尽量减少繁杂的账簿记载的要求;税收制度必须符合美国及国际社会的税收体系;商品或劳务经由互联网传输者,应免征关税。WTO和OECD也表示不主张对电子商务进行征税。

欧盟则认为电子商务同传统的贸易方式一样,显然属于增值税征收的范畴。电子商务不应承担额外税收,但也不希望免除现有的税收。美国的贸易公平说支持者认为如果互联网商家不用收取销售税,是对传统商家的不平等竞争。州和地方政府也认为免税严重影响了政府税收。

加拿大税法学者阿瑟·科德尔和荷兰学者路·休特等人主张按信息单位"比特"对互联网上传输的信息为征税依据,征收所谓"比特税",旨在对全球信息传输的每一数字单位征税,包括对增值的数据交易,如数据搜集、通话、图像或声音传输等的征税。但这种提议遭到了普遍的反对。

(二)经济发展与合作组织的五点基本原则

OECD认为对于传统税收的基本原则也应该应用到电子商务税收上。1998年在加拿大渥太华举行的部长级会议采用了OECD的这一立场。OECD提出了五点基本原则(见图3-2),这五点基本原则作为评价电子商务条件下的税收体系的导向标。

1. 中立性

税收体系必须在电子商务和传统商业之间保持中立和平等。这就意味着纳税人在近似的情况下进行近似类型的交易时,所缴纳的税款应该是相差无几的。

2. 高效性

纳税人和税务机关在税务方面产生的行政管理费用应该是越低越好。

3. 确定性和简单性

要制定简单明了的税收规定,以便纳税人能够预测交易所产生的税款。

4. 有效性和公平性

税收规则应该能在准确的时间内生

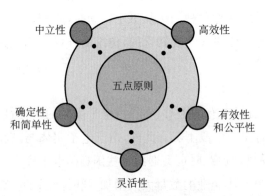

图3-2 OECD关于电子商务税收五点基本原则

成准确的纳税金额。应尽量减少逃避税收的可能性。

5. 灵活性

税收体系应该是灵活和动态更新的,要确保与技术以及经济的发展相适应。

(三) 电子商务税收的一些方案

1. 基于消费者所在地的销售税

基于消费者所在地缴税是一个可行的税收方案。在这个税收方案里,当地政府根据不同行业制定不同的税率。在交易过程中,电子商务企业会识别客户的位置,并由此将相应的税项添加到商品的总价里面。在这种方案下,就要求国际社会形成一个国际组织,强制企业征收销售税,并将该税项转账到消费者所在地的税务机关。

2. 基于卖方所在地的销售税

基于卖方所在地的销售税是向电子商务交易中的卖方征税的方法,同时也可以使卖家受益,因为税收收入都归企业所在地的税务部门。地方税务部门在收税的同时,也要对他们负责。这种方案下,卖家可以根据各地方不同的税法,选择合适的地方注册自己的公司。地方税务部门也要考虑采用合理的税率以吸引投资者。

3. 免税

免税政策简单易行,可以有力促进电子商务发展。然而,会直接影响地方政府税收,同时,也会对其他行业产生不公平竞争,影响税法的公平原则。

基于电子商务的特性,其税收的实施却必须是在全球进行的。

 扩展阅读

智慧税务:从前、现在与未来

我国税收信息化建设发端于 20 世纪 80 年代初,历经金税一期、金税二期、金税三期建设,从无到有、从小到大、从功能单一到全面覆盖,目前已进入金税四期建设的新阶段,开启税收治理现代化建设的新征程。

1. 金税工程发展演进的新阶段

20 世纪 80 年代初,我国基层税务部门开始使用微型计算机辅助工作,用于处理税收计划、统计、会计等纸质数据,着力提高面对面服务效率。1994 年分税制改革后,相继启动金税工程各期建设。其中,金税一期聚焦增值税专用发票,部署应用增值税专用发票交叉稽核系统,探索"以票管税"新做法;金税二期聚焦增值税发票开票、认证、报税和稽核等,探索实施全链条监管体系,构建增值税"以票管税"新机制;在此基础上,2009 年开始实施金税三期,面向税收征管主要业务、工作流程、岗位职

责,构建税收征管新体系,并在国税地税征管体制改革之后并库上线,实现原国税地税两套系统流程统一、数据合流和功能升级。至此,金税工程成为覆盖所有税费种类、支撑税务人员在线业务操作、为纳税人提供涉税事项办理业务的信息系统。

2021年3月,中办、国办印发《关于进一步深化税收征管改革的意见》,将"智慧税务"作为新发展阶段进一步深化税收征管改革的主要着力点。金税四期重点围绕智慧税务建设,以发票电子化改革为突破口,以税收大数据为驱动,推动构建全量税费数据多维度、实时化归集、连接和聚合。

一是通过税收数据智能归集和智效管理,实现税务执法过程可控、结果可评、违纪可查、责任可追,推动税务机关从"以票治税"到"以数治税",实现精确执法和精准监管。

二是通过税务数据智能归集和智敏监控,实现纳税人缴费人税收风险自我监测、自我识别、自我应对、自我防范,推动税费服务从被动遵从到自动遵从,实现依法纳税和精细服务。

三是通过税务数据智能归集和智能展现,实现金融、海关、市场监管、公安、支付平台等其他涉税方数据共建、数据共享、数据协同、数据治理,推动相关政府部门基于税收法定义务提供涉税方信息,实现数字政府和税收共治。

2. 信息技术应用场景的新拓展

在当前大数据、云计算、人工智能、移动互联网等现代信息技术得到普遍运用的背景下,智慧税务正在改变税收信息化发展应用的运行轨迹并逐步拓展新的应用场景。

一是功能应用"立体化"迭代。金税一期重点聚焦增值税发票真伪核查,金税二期则是"由点及线",聚焦增值税专用发票开具、申报、审核的条线管理,而金税三期"由线及面",面向所有税种、所有环节、所有机构构建税收征管新格局。新发展阶段的金税四期,旨在构建政府部门、金融机构、纳税人、税务部门之间的多元信息共享,实现涉税风险多维化、全方位、全流程的税收共治。

二是管理方式"集约化"转型。传统工作机制更多依赖纳税人"发票"或"申报表"等申报数据,而金税四期基于数据驱动,重在推动税务数据多渠道捕获和流动,进而智能感知执法、服务、监管需求并灵敏自动反应,税收管理方式正从"粗放型"向"集约化"转型。

三是征纳关系"交互化"转变。传统税收信息化应用主体是税务部门,因此金税工程呈现明显的工具性质,税收征纳关系信息流向是单向的,税务部门更多谋求提高税收征管效率。金税四期则以纳税人缴费人为中心,以大幅提高税法遵从度和社会满意度为目标构建智慧税务,其价值回归为税收数据交互服务。

3. 税收治理现代化建设的新征程

智慧税务作为数字政府的有机组成部分,将统筹推进技术融合、业务融合、数据融合,构建高集成功能、高安全性能、高应用效能的智慧税务,开启税收治理现代化建设的新征程。

一是更好地践行"以人民为中心的发展思想"。智慧税务旨在大幅提高税法遵从度和社会满意度,降低征纳成本,其价值意蕴与"以人民为中心的发展思想"完全契合,智慧税务从纳税人视角构建纳税人缴费人全生命周期行为分析与服务体系,实现高效智能的精细税费服务,大幅提高社会满意度,满足纳税人缴费人的诉求,推动形成精细化、亲民化的税费服务体系。

二是更好地实现数字政府的治理目标。数字政府的核心理念在于数据赋能,通过重构政府治理结构,形成"用数据说话、用数据决策、用数据管理、用数据创新"的国家治理格局。智慧税务就是在深化发票电子化改革,构建发票全领域、全环节、全要素电子化的基础上,构建超级算量、智能算法、强大算力的数据驱动体系,推动形成税收征管要素全链条、全场景、全环节的数字化,从而打破部门信息化"横向隔离",推动税收数据"纵向耦合",打造泛在可及、智慧便捷、公平普惠的数据治理体系,使税收治理能更好地实现数字政府建设目标。

三是更好地践行协同共治的治理理念。智慧税务能有效运用纳税人诉求整体画像、数据可视化呈现等数字化技术,下沉数据资源,下移治理重心,因此,不仅可以构建税收治理纵向协同机制,而且可以在纳税人、税务人、决策人之间构建数字化综合治理生态体系,推动构建税收大数据协同共建共享横向协同机制,进而提升税收治理整体性、集成性效能。

(资料来源:https://shenzhen.chinatax.gov.cn/sztax/zjpl/202207/f4f3b679c0b746b595568c2f7d13d5ac.shtml)

本 章 小 结

电子商务法的概念具体归纳为:电子商务法是调整政府、企业和个人以数据电文为交易手段,通过信息网络产生的,因交易形式所引起的各种商事交易关系,以及与这种商事交易关系密切相关的社会关系、政府管理关系的法律规范的总称。

电子商务法的特征:国际性、技术性、开放性、安全性、复杂性。电子商务法的基本原则:中立原则、意思自治原则、安全原则。

我国于1999年在《中华人民共和国合同法》中加入了"数据电文"条款,为电子商务活动奠定了法律基础。2004年我国出台了《中华人民共和国电子签名法》。2018年,通过了《中华人民共和国电子商务法》,这是我国电子商务领域的第一部综合性、基础性法律。

电子商务中的法律制度主要包括网络服务提供商、电子合同、电子支付、电子签名、电子商务中知识产权和消费者保护等方面的法律制度。

电子商务税收的特点和面临的问题,电子商务税收法规和一些方案。

课后案例

> **数据时代的数据规则:淘宝诉美景不正当竞争纠纷案**
>
> 案件名称:淘宝(中国)软件有限公司诉安徽美景信息科技有限公司不正当竞争案
>
> 案号:(2017)浙8601民初4034号。
>
> 原告:淘宝(中国)软件有限公司("淘宝公司")。
>
> 被告:安徽美景信息科技有限公司("美景公司")。
>
> 审理法院:杭州铁路运输法院。
>
> 裁判结果:美景停止不正当竞争行为,赔偿淘宝人民币200万元。
>
> 案件概况:
>
> 淘宝公司有一款名为"生意参谋"的产品,通过生意参谋,可以向淘宝与天猫的商家提供"可定制、个性化、一站式的商务决策体验平台,为商家店铺运营提供数据化参考"。生意参谋的标准版每年900元,专业版3 600元。目前已累计服务超过2 000万户商家,月服务商家超过500万户。同时,生意参谋产品本身设置有添加、管理子账户的功能。
>
> 被告美景公司开发了名为"咕咕互助平台"与"咕咕生意参谋众筹"的软件与平台,让已订购淘宝生意参谋的用户可以通过咕咕互助平台分享、共用其子账户。通过分享、共用子账户,已订购生意的用户可以获得佣金。美景公司还提供为远程登录提供技术支持,而美景公司自然也从生意参谋的有偿共享过程中获得分成。
>
> 淘宝公司认为美景公司的行为构成了对生意参谋产品的实质性替代,"直接导致了淘宝公司数据产品订购量和销售额的减少,极大损害了淘宝公司的经济利益,同时恶意破坏了淘宝公司的商业模式,严重扰乱了大数据行业的竞争秩序,已构成不正当竞争行为"。

这一案件,与大众点评与百度之间的纠纷极为相似,当时百度地图爬取了大众点评网的点评数据,直接用于自己的地图产品中,被认为构成对大众点评服务的实质性替代,被法院认为构成侵权。

(资料来源:https://zhuanlan.zhihu.com/p/47829838)

思考题

1. 淘宝的"生意参谋"所使用的用户数据是否具有合法性?
2. 美景公司的行为,是否构成不正当竞争,侵犯了淘宝公司的利益?

课后调研

◇ 认真学习《电子商务法》,总结该法对我国电子商务产业发展的积极影响有哪些?
◇ 分别登录美团、唯品会、抖音等网站,下载各网站中的电子格式合同并予以整理比较,分析其条款的公平性。
◇ 找一家交易量比较大的淘宝店铺,查找相关税收资料,计算该店铺年交易额及其应缴的税费,撰写一份淘宝店铺纳税情况的调研报告。

第四章　电子商务技术基础

 引入阅读

构建透明、可信的互联网关键资源管理体系

2022年11月9日下午,2022年世界互联网大会乌镇峰会构建透明、可信的互联网关键资源管理体系论坛在浙江乌镇举行。论坛以"共建网络世界　共创数字未来"为主题,邀请国内外知名专家学者和行业代表,共商关键资源创新治理新方式,构建透明、可信的互联网关键资源管理体系。

原国有重点大型企业监事会孙来燕从卫星互联网建设角度分享了天基互联网体系与地基网络及其他新基建领域融合的思路,提出三点期望与建议:一是加强对话交流,推动世界互联网大会成为包容互信、增进理念共识的重要平台;二是加强协同创新,推动世界互联网大会成为合作互惠、促进共同发展的重要平台;三是加强务实合作,推动世界互联网大会成为团结互助、维护网络安全的重要平台。

原国家信息化专家委员周宏仁在致辞中强调要按照我国数字经济发展的总体目标和全联网发展的核心需求,强化核心技术创新引领和安全保障,推动全联网关键技术和资源在更广范围、更深程度、更高水平融合发展,并提出四点建议。一是不断加强核心技术的创新突破,二是积极培育创新发展的应用生态,三是全面构建安全可信的发展环境,四是开放共建全球网络空间治理新格局。

在主旨演讲环节,多位国内外知名专家学者、行业代表结合论坛主题发表观点。中国工程院院士吴建平强调掌握下一代互联网核心技术对筑牢网络空间命运共同体基础具有重要意义,提出要从政治、互联网国际治理和互联网核心技术方面积极推进、共谋合作。互联网域名系统国家地方联合工程研究中心(ZDNS)毛伟分析了域名系统面临的网络安全挑战和机遇,强调打造下一代域名系统是支撑互联网运行的重要根基。

亚马逊云科技保罗·卫克玺(Paul Vixie)提出管理基础设施时,运营商和客户要各司其职、各尽其职,实现双赢;在互联网域名系统中要因地制宜,充分发挥域名系统防火墙的保障作用。360集团周鸿祎提出数字文明时代科技企业的三大使命,构建SaaS生态系统的必要性和重要意义。

中国信息通信研究院魏亮从云计算、空间分布、"东数西算"工程等方面对我国的算力资源整体情况进行分析,提出我国算力资源在云网融合、算网融合等方面的需求和具体挑战。

全球IPv6论坛主席拉提夫·拉蒂德(Latif Ladid)指出,中国的IPv6发展十分迅速,引入IPv6对互联网的发展和创新,对区块链和供应链的发展具有非常重要的意义,有助于互联网向自主化和自动化发展。

清华大学智能网络计算实验室沈寓实认为,新一代信息技术创新和网络空间热点技术发展将带来智能层次持续升级,促进数智孪生应用发展,给新基建发展带来深远影响。

(资料来源:https://www.cnnic.cn/n4/2022/1114/c135-10677.html)

几十年来,随着计算机和互联网技术的迅猛发展,以信息流、资金流和物流合一的商务模式日趋成熟。企业内部和企业间业务流程完全依赖于技术的发展,电子商务是信息技术发展到一定高度的产物,不断发展的信息技术及新兴的数智化技术正推动着社会经济的快速转型。本章介绍电子商务赖以开展的技术基础。

第一节　电子商务技术概况

一、电子商务技术框架及分类

(一)电子商务技术框架

电子商务技术是多技术的集合,包括采集、处理、存储和交换数据等技术。电子商务技术框架是由网络层、应用平台层、应用层和公共基础组成。网络层为电子商务提供了必要的网络基础设施,应用平台层为电子商务提供了所需的必要支持,应用层涉及电子商务应用的实际领域。公共基础部分贯穿在以上三个层次中,对电子商务的应用和普及起着重要的作用,是创造适应电子商务发展的社会环境条件。

(二)电子商务技术分类

与电子商务密切相关的实现技术可以分成以下几类,其中每一类都含有丰富的内容。

1. 计算机技术

计算机技术是实现电子商务的基本技术,包括计算机硬件技术和计算机软件。计算机硬件技术包括各种大容量、高速度处理芯片和高性能的计算机部件,其总的发展方向是改变目前冯·诺依曼型的计算刚性的体系结构,提高计算机系统的应用性能和智能水平。计算机软件技术主要发展方向是提高软件的开发效率和质量,技术路线是通用性和专用性相结合。主要领域有:系统软件,如操作系统;支持软件,如数据库管理系统等;工具软件,如各种开发工具、网络编程语言等;应用软件,如办公自动化系统、管理信息系统、决策支持系统等。

2. 通信技术与计算机网络技术

电子商务是利用电子手段,特别是通信与网络技术进行的商务活动。主要通信技术有数字数据网络技术、数字移动通信网络技术等。计算机网络技术包括互联网、内联网、外联网及移动互联网技术等。

3. 软件工程与网络编程技术

软件工程与网络编程技术包括统一建模语言(UML)、超文本标记语言(HTML)、可扩展的标记语言(XML)和虚拟现实建模语言(VRML)、跨平台的网络编程语言 Java 等。

4. 数据库与数据仓库技术

表示结构化信息的数据库与数据仓库技术发展迅速,除了目前广泛应用的关系数据库管理系统,新的发展方向有面向对象的数据库、多维数据库和多媒体数据库等。

5. 电子商务安全技术

电子商务安全技术主要包括各种计算机病毒防治技术、数字签名技术、身份认证技术、CA 技术等。

6. 电子支付技术

电子支付技术主要涉及电子支付系统与工具的相关技术。

7. 智能信息处理技术

智能信息处理技术是支持商务智能的有关技术,如数据挖掘、大数据分析技术等。

8. 电子商务物流信息技术

电子商务物流信息技术即物流信息化技术,包括条码技术、射频技术、地理信息系统、全球定位系统等技术。

9. 综合应用技术

计算机、网络的综合应用技术是面向各类电子业务应用的一类系统技术,比如企业资源计划(ERP)、供应链管理(SCM)、客户关系管理(CRM)技术、知识管理(KM))和云服务技术等。

电子商务所涉及的技术是一个庞大体系,体系中各项技术本身都是科技革命带来的新兴产业,一起带动着全球产业向着高知识附加值方向发展。

二、计算机网络基础

(一) 计算机网络的含义

计算机网络是指把分布在不同地理位置的具有独立功能的计算机,通过各种通信设备和线路(如电话、微波、电缆、光纤、卫星等)物理地连接起来,按照网络协议相互通信,以共享软件、硬件和数据资源为目标的系统。

(二) 计算机网络的分类

按照网络通信的距离或者覆盖范围,计算机网络可以分为局域网、城域网和广域网,如表4-1所示。

表4-1 计算机网络按距离分类

网络类型	英语缩写	分布距离	主机位置
局域网	LAN	约10米	房间
		约100米	建筑物
		约1千米	校园
城域网	MAN	约10千米	城市
广域网	WAN	约100千米	国家

按照网络的拓扑结构分类,计算机网络主要有5种,即总线状、星状、环状、树状和网状,如图4-1所示。

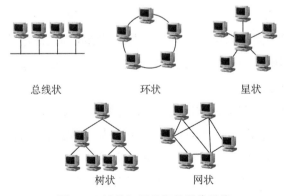

图4-1 计算机网络拓扑结构种类

(三) 计算机网络的功能

计算机网络的功能主要是指其服务功能。计算机网络所能提供的服务功能主要有以下几类。

1. 软件、硬件资源的共享

组成计算机网络的主要目的之一是共享资源。计算机在广大地域范围内联网后资源子网中各主机的资源在原则上都可以共享，可以突破地域范围的限制，实现计算机软件、硬件资源的共享。

2. 文件传输

文件传输是计算机网络的一种基本服务内容，为各种文件的共享提供了便利的数据交换手段。随着全球化的发展，企业组织分布很广，可以在世界各地都设有办事处，在这些地方设置的计算机和工作站之间每天都要交换信息和数据。通过计算机网络，企业组织中的成员可以随时使用所需要的信息和数据。

3. 电子邮件

计算机网络可以为网上不同用户提供信函方式的通信，即电子邮件。这种方式易于实现、实用、灵活，受到用户的欢迎。建立邮件系统的目的是能在一组用户中迅速、方便地进行信息传输。发送者可在任何时间发送，接受者可在任何时间打开信箱接收信息。接受者可为单个用户或者用户组，用户组包括多个用户，一个用户可以同时参加到多个用户组中。

4. 分布式数据库

计算机网络最为重要的应用之一就是把数据库区域性合理地分布于网络各个节点上。数据的分布采用分布式数据库技术，把数据的处理和存储能力分散于数据源和目标区域中，优点是终端用户易于得到数据，而且可减少因软件故障而导致整个系统瘫痪的危险性。

5. 网络管理

网络管理主要是从通信接口和通信控制两方面对网络进行管理。

（四）网络通信协议

网络上的计算机之间是如何交换信息的呢？就像我们说话用某种语言一样，在网络上的各台计算机之间也有一种语言，这就是网络协议，不同的计算机之间必须使用相同的网络协议才能进行通信。

网络协议是网络上所有设备（网络服务器、计算机及交换机、路由器、防火墙等）之间通信规则的集合，它规定了通信时信息必须采用的格式和这些格式的意义。大多数网络都采用分层的体系结构，每一层都建立在它的下层之上，向它的上一层提供一定的服务，而把如何实现这一服务的细节对上一层加以屏蔽。一台设备上的某层与另一台设备上的对应层进行通信的规则就是该层协议。在网络的各层中存在着许多协议，接收方和发送方同层的协议必须一致，否则一方将无法识别另一方发出的信息。网络协议使网络上各种设备能够相互交换信息。常见的协议有：TCP/IP协议、IPX/SPX协议、NetBEUI协议等。网络协议也有很多种，具体选择哪一种协议则要看情况而定。

1. 开放系统互联参考模型

为了使不同计算机厂家生产的计算机能够相互通信,以便在更大的范围内建立计算机网络,国际标准化组织(ISO)在 1978 年提出了"开放系统互联参考模型",即著名的 OSI/RM 模型。它将计算机网络体系结构的通信协议划分为七层,自下而上依次为:物理层、数据链路层、网络层、传输层、会话层、表示层和应用层,如图 4-2 所示。

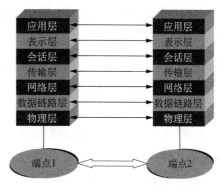

图 4-2 OSI 七层协议模型图

其中第四层完成数据传送服务,上面三层面向用户。对于每一层,至少制定两项标准:服务定义和协议规范。前者给出了该层所提供的服务的准确定义,后者详细描述了该协议的动作和各种有关规程,以保证服务的提供。

2. WLAN 协议

WLAN 是 Wireless Local Area Network 的简称,指应用无线通信技术将计算机设备互联起来,构成可以互相通信和实现资源共享的网络体系。无线局域网本质的特点是不再使用通信电缆将计算机与网络连接起来,而是通过无线的方式连接,从而使网络的构建和终端的移动更加灵活。

它是相当便利的数据传输系统,它利用射频技术,使用电磁波,取代旧式碍手碍脚的双绞铜线所构成的局域网络,在空中进行通信连接,使得无线局域网络能利用简单的存取架构让用户透过它,达到信息随身化、便利走天下的理想境界。

将 WLAN 中的几种设备结合在一起使用,就可以组建出多层次、无线和有线并存的计算机网络。WLAN 的实现协议有很多,其中最为著名也是应用最为广泛的当属无线保真技术——Wi-Fi,它实际上提供了一种能够将各种终端都使用无线进行互联的技术,为用户屏蔽了各种终端之间的差异性。WLAN 的典型应用场景包括大楼之间、餐饮及零售店铺、医疗场所、企业办公区域、仓储管理和展示会场等多种场合。

第二节 互联网

一、计算机技术的发展

(一) 第一代计算机

1945 年第一台电子计算机 Eniac 问世,共使用了 20 000 个电子管来进行运作,体积庞大,占地面积达 170 平方米,重量为 80 吨,功率 150 千瓦,每秒能进行数百次加法运算。

(二) 第二代计算机

20 世纪 50 年代末期的晶体管计算机,1959 年由美国菲尔克公司研制成功,以晶体管做逻辑元件,并使用了快速磁芯存储器,使运算速度从每秒几千次提升到几十万次存储器容量从几千字提高到十万字,体积成倍缩小,成本成倍减低,在计算机领域引发了一场革命。

(三) 第三代计算机

1964 年 IBM 公司研制成功 360 型计算机,以集成电路替代晶体管,可靠性更高,功耗更小,体积向微型化跨近。

(四) 第四代计算机

20 世纪 70 年代的大规模集成电路计算机,以 1971 年英特尔公司推出的 4004 大规模集成电路片为标志,计算机进入微机时代,形成计算机发展史上的又一次革命。1976 年,两个美国青年沃兹尼亚克(Steve Wozniak)和乔布斯(Steve Jobs)在简易的车库里装配出了第一台个人计算机(PC),计算机技术的发展从此分为巨型计算机和微型计算机两个分支。

对于第五代计算机,被刻画为有人工智能的新一代计算机,它具有推理、联想、判断、决策、学习等功能,计算机、网络、通信技术会三位一体。新一代的计算机将继续改变我们的工作、生活和学习方式,为人类社会拓展更大的发展空间。

二、互联网的发展

(一) 互联网概念

以小写字母 i 开始的 internet 网络互联泛指由多个计算机网络互连而成的虚拟网络。以大写字母 I 开始的 Internet(因特网)则是一个专用名词,通常也称为"互联网",它指当前全球最大的、开放的、由众多网络相互连接而成的特定计算机网络,它采用 TCP/IP 协议族,且其前身是美国的 ARPANet。

互联网(Internet)是一种把许多网络都连接在一起的国际性网络,是最高层次的骨干网络。在它下面连接地区性网络,地区性网络与广域网相连接,广域网连接局域网,局域网里连接着许多计算机。这样,把许多计算机连接在一起,实现资源共享。

连接在互联网上的网络,都采用互联网的标准通信协议,主要是名为 TCP/IP 的协议。各国的计算机则通过各自国家的骨干网络经由专用的线路,连接到设在美国的全球互联网络交换(GIE)上,通过 GIE 连接于互联网络。各国连接于互联网上的计算机可以相互沟通。现在,通过互联网互通电子讯息的国家已超过 150 个,我国于 1994 年正式加入该网。

互联网有许多用途。利用它,可向全球的互联网络用户发送电子邮件,可召开分散于世界各地有关人员的网络会议。在互联网络上发布新闻,可迅速传播到世界各地。研究人员可以快速地进行论文、报告和计算机源程序的交换,能够自由地高速地检索出分布于不同网络上的信息。用户可以从远处进行登录,利用连接于互联网上的软件硬件资源,通过异地登录还可以利用各种商用数据服务。企业还可以利用互联网络发布广告。人类正在进入一个网络化的社会。

(二) 互联网的起源与发展

1969年,美国国防部的专家把四台分别位于加州大学洛杉矶分校、斯坦福国际研究所、加州大学圣巴巴拉分校和犹他大学的计算机连到了一起,建立了最早的包交换网ARPANet。

1985年美国国家科学基金会(NSF)接管了ARPANet,提供巨额资金建造了全美五大超级计算中心。1986年,NSF建立了基于IP协议的计算机通信网络NSFNet,在全国按照地区划分建立了计算机广域网,并将这些广域网同超级计算中心相连,著名的科学教育网CSNET和BITNET先后建立。通过将超级计算中心互联,NSF架设一条高速数据专线来连接各区域网上主通信节点计算机,构成了NSFNet主干网,标志着Internet框架的最终形成。1991年,NSF进一步放宽了对互联网商业活动的限制,并开始对其实施私有化。Internet的私有化工作到1995年基本完成,NSF将Internet的运营交给了一批私营公司。

1991年Berners-Lee开发出了超文本服务器程序代码,并使之适用于互联网,他将设计的超文本链接的HTML文件构成的系统称为World Wide Web(简称"万维网")。万维网采用的是客户/服务器结构,其作用是整理和储存各种万维网资源,并响应客户端软件的请求,把客户所需的资源传送到Windows、Windows NT、UNIX或Linux等平台上。

1993年,伊利诺斯大学的Marc Andreessen领着一群学生写出了Mosaic,这是第一个可以读取HTML文件的程序,它用HTML超文本链接在互联网上的任意计算机页面之间实现自由展现。1994年,Mosaic小组同硅图公司(SGI)合作成立了网景公司,开发出网景Navigator浏览器。微软后来居上开发出了IE浏览器,并通过商业竞争,一时成为浏览器赢家。

(三) TCP/IP协议

前面提到,通过计算机网络使多台计算机实现连接,位于同一个网络中的计算机在进行连接和通信时必须要遵守一定的规则。这些规则被称为网络通信协议,它对数据的传输格式、传输速率、传输步骤等做了统一规定,通信双方必须同时遵守才能完成数据交互。

互联网(Internet)通信协议有很多种,目前应用最广泛的有TCP/IP协议、UDP协议和其他一些协议的协议组。

TCP/IP协议(又称为TCP/IP协议簇)是指Internet各子网之间相互遵守的网络通信

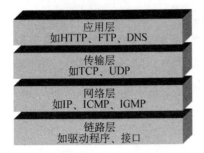

图 4-3 TCP/IP 网络模型

协议,泛指所有与 Internet 有关的网络协议簇,其名称来源于该协议簇中的两个重要协议 TCP 协议和 IP 协议。它不仅包括 TCP 与 IP 这两个协议,而且还包括诸如 DNS、FTP、Telnet 等协议。基于 TCP/IP 协议参考模型的网络层次结构比较简单,共分为四层,如图 4-3 所示。

TCP/IP 协议中的四层结构分别是链路层、网络层、传输层和应用层,每层分别负责不同的通信功能。

链路层:链路层是用于定义物理传输通道,通常是对某些网络连接设备的驱动协议,比如针对光纤、双绞线提供的驱动。

网络层:网络层是整个 TCP/IP 协议的核心,它主要用于将传输的数据进行分组,将分组数据发送到目标计算机或者网络。

运输层:主要使网络程序进行通信,在进行网络通信时,可以采用 TCP 协议,也可以采用 UDP 协议。

应用层:主要为互联网中的各种网络应用提供服务。

各个厂家生产的网络系统和设备,互通的障碍是因为它们所传送数据的基本单元(技术上称之为"帧")的格式不同。IP 协议实际上是一套由软件程序组成的协议软件,它把各种不同帧统一转换成 IP 数据报格式,这种转换是 Internet 的一个最重要的特点,使所有各种计算机都能在互联网上实现互通,即具有"开放性"的特点。

互联网络单个网络有很大的不同,因为互联网的不同部分可能有截然不同的拓扑结构、带宽、延迟、数据包大小和其他参数。TCP 协议的设计目标是能够动态地适应互联网络的这些特性,而且具备面对各种故障时的健壮性。TCP 是为了在不可靠的互联网络上提供可靠的端到端字节流而专门设计的一个传输协议。IP 层并不保证数据报一定被正确地递交到接收方,也不指示数据报的发送速度有多快。是 TCP 负责既要足够快地发送数据报,以便使用网络容量,但又不能引起网络拥塞。TCP 还有一项责任是它必须把接收到的数据报重新装配成正确的顺序。简而言之,TCP 必须提供可靠的良好性能,这正是用户所期望而 IP 又没有提供的功能。

(四) IP 地址和域名

1. IP 地址

IP 协议中一个非常重要的内容,那就是给互联网上的每台计算机和其他设备都规定了一个唯一的地址,叫作"IP 地址"。由于有这种唯一的地址,才保证了用户在连网的计算机上操作时,能够高效而且方便地从千千万万台计算机中选出自己所需的对象来。

IP 地址就像是我们的家庭住址一样,如果你要写信给一个人,你就要知道对方的地址,这样邮递员才能把信送到。计算机发送信息就好比是邮递员,它必须知道唯一的"家庭地址"才能不至于把信送错人家。只不过我们的地址是用文字来表示的,计算机的地址用二进制数字表示。

IP地址被用来给连入互联网的计算机一个编号。大家日常见到的情况是每台联网的计算机上都需要有IP地址,才能正常通信。可以把一台计算机比作一台电话,那么IP地址就相当于电话号码,而互联网中的路由器,就相当于电信局的程控式交换机。

IPv4的IP地址是一个32位的二进制数,被分割为4个"8位二进制数"。IP地址通常用"点分十进制"表示成(a. b. c. d)的形式,其中,a,b,c,d都是0～255之间的十进制整数。

原有的IPv4只有4段数字,每一段最大不超过255。由于互联网的蓬勃发展,IP位址的需求量越来越大,造成网络地址资源不足,严重制约了互联网的应用和发展。为了扩大地址空间,通过IPv6重新定义地址空间,IPv6是英文"Internet Protocol Version 6"(互联网协议第6版)的缩写,是互联网工程任务组(IETF)设计的用于替代IPv4的下一代IP协议,IPv6采用128位地址长度,几乎可以不受限制地提供地址,其地址数量号称可以为全世界的每一粒沙子编上一个地址。IPv6不仅能解决网络地址资源数量的问题,而且也解决了多种接入设备连入互联网的障碍。

互联网数字分配机构(IANA)在2016年已向国际互联网工程任务组(IETF)提出建议,要求新制定的国际互联网标准只支持IPv6,不再兼容IPv4。

2021年7月12日,中央网络安全和信息化委员会办公室、国家发展和改革委员会、工业和信息化部发布关于加快推进互联网协议第六版(IPv6)规模部署和应用工作的通知。

IP地址类型又分为公有和私有地址。公有地址由互联网信息中心(InternetNIC)负责,这些IP地址分配给注册并向信息中心提出申请的组织机构。通过它直接访问互联网。私有地址属于非注册地址,专门为组织机构内部使用。

2. IP地址编址方式

最初设计互联网时,为了便于寻址以及层次化构造网络,每个IP地址包括两个标识码(ID),即网络ID和主机ID。同一个物理网络上的所有主机都使用同一个网络ID,网络上的一个主机(包括网络上工作站、服务器等)有一个主机ID与其对应。

3. IP地址的分配

IP地址现由互联网域名与地址管理机构(ICANN)分配。InterNIC负责美国及其他地区;ENIC负责欧洲地区;APNIC负责亚太区,我国用户可向APNIC申请。

4. 域名系统

由于IP地址由数字构成,不便于用户记忆和使用,互联网在1984年采用了域名管理系统(DNS),来对应相应的IP地址。域名系统是互联网的一项服务。它作为将域名和

IP 地址相互映射的一个分布式数据库,能够使人更方便地访问互联网。

一个公司的 Web 网站可看作是它在网上的门户,而域名就相当于其门牌地址,通常域名都使用该公司的名称或简称。例如,IBM 公司的域名是 www.ibm.com、Cisco 公司的域名是 www.cisco.com 等。当人们要访问一个公司的 Web 网站,又不知道其确切域名的时候,可以首先输入其公司名称作为尝试。

域名系统的名字空间是层次结构的,类似 Windows 的文件名。它可看作是一个树状结构,域名系统不区分树内节点和叶子节点,而统称为节点,不同节点可以使用相同的标记。所有节点的标记只能由 3 类字符组成:26 个英文字母(a~z)、10 个阿拉伯数字(0~9)和英文连词号(-),并且标记的长度不得超过 22 个字符。一个节点的域名是由从该节点到根的所有节点的标记连接组成的,中间以点分隔。最上层节点的域名称为顶级域名(TLD),第二层节点的域名称为二级域名,依此类推。入网的主机域名结构顺序为:主机号、机构名、网络名、最高层域名。

5. 顶级类别域名

域名由 ICANN 管理,这是为承担域名系统管理、IP 地址分配、协议参数配置以及主服务器系统管理等职能而设立的非营利机构。ICANN 为不同的国家或地区设置了相应的顶级域名,这些域名通常都由两个英文字母组成。例如:".uk"代表英国、".fr"代表法国、".jp"代表日本。中国的顶级域名是".cn",".cn"下的域名由 CNNIC 进行管理。

除了代表各个国家顶级域名之外,ICANN 最初还定义了 7 个顶级类别域名,它们分别是".com"".top"".edu"".gov"".mil"".net"".org"。".com"".top"用于企业,".edu"用于教育机构,".gov"用于政府机构,".mil"用于军事部门,".net"用于互联网络及信息中心等,".org"用于非营利性组织。随着互联网的发展,ICANN 继续增加一些顶级类别域名。

(五) URL

互联网上的每一个站点都有一个地址,叫作 URL,统一资源定位系统。其中,协议部分:URL 格式的第一部分("://"之前的部分),指的是协议,或者表示信息类型以及信息是如何传输的,如"http"。主机名:URL 的第二部分,完全限定的地址可以只包括根级域名,如 ibm.com 或 bilibili.com,或者可以包括处于主机域的计算机名:news.sina.com.cn。路径或路径名:路径名与主机名用一个斜杠分开,可以包括斜杠,用来表示目录的等级结构,利用它来找到请求资源。

三、内联网、外联网和互联网

(一) 内联网

内联网即企业内部网,是一个设计用来在公司和组织内处理信息的网络。它的用途包括提供诸如文档分发、软件发布、数据库访问和培训等服务。之所以命名为企业内部互联网，是因为它使用了网页、Web 浏览器、FTP 站点、电子邮件、新闻组和邮件列表等与互联网相关的应用程序，但它的作用范围仅限于公司或组织内部。

（二）外联网

外联网是企业内部网的扩展，它利用 WWW 技术实现和企业的供应商及客户之间的通信。企业外部网允许客户和供应商获得有限的访问企业内部网的权限。

（三）互联网

互联网是一个由世界范围内的网络和应用 TCP/IP 协议簇互通信的网络段所构成的网络集合。互联网的核心是一个高速数据通信骨干网，连接着数以百万计的商业、政府、教育和其他部门的计算机，它们作为主要节点或主机负责数据和消息的路由选择，如图 4-4 所示。

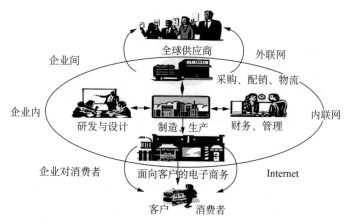

图 4-4　企业基于互联网、内联网和外联网的商业活动

（四）互联网的应用

互联网应用于各行各业，主要包括以下方面，如表 4-2 所示。

表 4-2　互联网的应用

万维网	万维网使人们可以利用浏览器浏览世界各地的新闻、消息、资料等，并配合数据库服务器对各种信息进行处理
电子邮件	E-mail 是互联网较早的、应用范围最广的一种服务。E-mail 允许用户在互联网上的各主机间发送信息，采用的是一种存储转发系统
文件传输	FTP 采用典型客户/服务器工作模式。文件服务器利用 FTP 协议，允许用户通过互联网或其他网上传或下载文件
电子公告牌	BBS 用户可以通过它进行全球范围的软件交流、信息发布等

续 表

远程应用	远程登录允许用户从本地计算机登录到远程服务器上,使用户计算机暂时成为远程服务器的一个终端,在服务器上进行数据处理、软件运行等工作。互联网还提供网络会议、网络聊天、远程教育、网络游戏等多种服务应用
移动应用	用户可通过移动终端设备访问互联网,同样可获得服务器的数据处理、软件运行等工作、娱乐和社交方面的服务。同时,GPS、NFC 等技术扩充了其服务方案

第三节 数 据 库

一、数据库技术

数据库技术是信息系统的一个核心技术,是一种计算机辅助管理数据的方法。它研究如何组织和存储数据,如何高效地获取和处理数据。数据库技术是通过研究数据库的结构、存储、设计、管理以及应用的基本理论和实现方法,并利用这些理论来实现对数据库中的数据进行处理、分析和理解的技术,即数据库技术是研究、管理和应用数据库的一门软件科学。

(一)数据库技术的发展

数据库技术产生于 20 世纪 60 年代末 70 年代初,其主要目的是有效地管理和存取大量的数据资源。数据库技术主要研究如何存储,使用和管理数据。几十年来,数据库技术和计算机网络技术的发展相互渗透、相互促进,已成为当今计算机领域发展迅速,应用广泛的两大领域。数据库技术不仅应用于事务处理,并且进一步应用到情报检索、人工智能、专家系统和计算机辅助设计等领域。

20 世纪 60 年代中期,数据库技术是用来解决文件处理系统问题的,数据库是在大公司或大机构中用作大规模事务处理的基础。当时的数据库处理技术还很脆弱,常常发生应用不能提交的情况。20 世纪 70 年代关系模型的诞生为数据库专家提供了构造和处理数据库的标准方法,推动了关系数据库的发展和应用。后来随着个人计算机的普及,1979 年,Ashton-Tate 公司引入了微机产品 dBase Ⅱ,并称之为关系数据库管理系统,从此数据库技术移植到了个人计算机上,供独立用户个人数据库应用。20 世纪 80 年代中期到后期,终端用户开始使用局域网技术将独立的计算机连接成网络,终端之间共享数据库,形成了一种新型的多用户数据处理,称为客户机/服务器数据库结构。由于 PC 机在工作组内连成网,数据库技术就移植到工作组级。如今,数据库正在互联网和内联网中广泛使用,以便在机构内联网、部门局域网甚至 WWW 上发布数据库数据。

(二)数据库技术的研究对象

数据库技术研究和管理的对象是数据,所以数据库技术所涉及的具体内容主要包括:通过对数据的统一组织和管理,按照指定的结构建立相应的数据库和数据仓库;利用数据库管理系统和数据挖掘系统设计出能够实现对数据库中的数据进行添加、修改、删除、处理、分析、理解、报表和打印等多种功能的数据管理和数据挖掘应用系统;并利用应用管理系统最终实现对数据的处理、分析和理解。数据库技术研究和解决了计算机信息处理过程中大量数据有效地组织和存储的问题,在数据库系统中减少数据存储冗余、实现数据共享、保障数据安全以及高效地检索数据和处理数据。

二、数据库管理系统

(一)数据库管理系统简介

数据库管理系统是一种操纵和管理数据库的大型软件,用于建立、使用和维护数据库,简称DBMS。它对数据库进行统一的管理和控制,以保证数据库的安全性和完整性。用户通过DBMS访问数据库中的数据,数据库管理员也通过DBMS进行数据库的维护工作。它可以支持多个应用程序和用户用不同的方法在同时或不同时刻去建立、修改和询问数据库。大部分DBMS提供数据定义语言DDL和数据操作语言DML,供用户定义数据库的模式结构与权限约束,实现对数据的追加、删除等操作。

数据库管理系统具有数据定义、数据操作、数据存储与管理、数据维护、通信等功能,且能够允许多用户使用。另外,数据库管理系统的发展与计算机技术发展密切相关。而且这些年来,计算机网络逐渐成为人们生活的重要组成部分。为此,要进一步完善计算机数据库管理系统,技术人员不断创新、改革计算机技术,并不断拓宽计算机数据库管理系统的应用范围,从而真正促进计算机数据库管理系统技术的革新。

(二)数据库管理系统的主要功能

1. 数据定义

DBMS提供数据定义语言DDL,主要用于建立、修改数据库的库结构。

2. 数据操作

DBMS提供数据操作语言DML,供用户实现对数据的追加、删除、更新、查询等操作。

3. 数据库的运行管理

数据库的运行管理功能是DBMS的运行控制、管理功能,包括多用户环境下的并发控制、安全性检查和存取限制控制、完整性检查和执行、运行日志的组织管理、事务的管理和自动恢复,即保证事务的原子性。这些功能保证了数据库系统的正常运行。

4. 数据组织、存储与管理

DBMS要分类组织、存储和管理各种数据,数据组织和存储的基本目标是提高存储空间利用率，选择合适的存取方法提高存取效率。

5. 数据库的保护

数据库中的数据是信息社会的战略资源，所以数据的保护至关重要。DBMS对数据库的保护通过四个方面来实现：数据库的恢复、数据库的并发控制、数据库的完整性控制、数据库安全性控制。

6. 数据库的维护

这一部分包括数据库的数据载入、转换、转储、数据库的重组合重构以及性能监控等功能，这些功能分别由各个使用程序来完成。

7. 通信

DBMS具有与操作系统的联机处理、分时系统及远程作业输入的相关接口，负责处理数据的传送。对网络环境下的数据库系统，还应该包括DBMS与网络中其他软件系统的通信功能以及数据库之间的互操作功能。

（三）数据库管理系统的应用目标

1. 提高数据加密系统的安全性

计算机数据库管理系统本身就能够加密数据，而将其与单纯的数据加密系统结合在一起更能提高数据的安全性。任何信息管理系统的存在都是为人服务。为此，数据信息的传输和维护需要技术人员进一步优化数据加密系统，以满足人们的需求。

2. 提高信息存管效率

计算机数据库管理系统最大的优势在于能够进行数据信息的长期存储和管理。而这一特点在很多领域都有广泛的应用。另外，增强信息存管率时应当对用户的身份进行细致识别，防止非法用户的入侵，最终减少恶意访问、黑客攻击等问题，保障数据信息的安全。

3. 完善数据备份与恢复

在计算机网络应用的过程中经常会出现信息丢失、系统崩溃等现象，致使数据信息损坏，无法正常调用。而计算机数据库管理系统主要就是数据的集合存储，在这一存储的过程中，管理系统会按照一定的模式进行数据存储，并建立较为复杂的数据结构关系。这样既能实现数据的单独处理，也能实现数据结合的使用、处理，从而实现高效率的数据恢复。

4. 增强多媒体的管理

应用计算机数据库管理系统能够提高多媒体的管理水平。利用计算机数据库管理系统降低多媒体管理的复杂程度，减少工作量，从而提高多媒体管理效率。

（四）数据库管理系统的优点

1. 控制数据冗余

数据库管理应尽可能地消除了冗余，但是并没有完全消除，而是控制大量数据库固有的冗余。

2. 保证数据一致性

通过消除或控制冗余,可降低不一致性产生的危险。如果数据项在数据库中只存储了一次,则任何对该值的更新均只需进行一次,而且新的值立即就被所有用户获得。

3. 提高数据共享

数据库应该被有权限的用户共享。DBMS 的引入使更多的用户可以更方便地共享更多的数据。新的应用程序可以依赖于数据库中已经存在的数据,并且只增加没有存储的数据,而不用重新定义所有的数据需求。

二、数据仓库

(一) 数据仓库特性

数据仓库(DW)是为企业所有级别的决策制定过程,提供所有类型数据支持的战略集合。它是单个数据存储,出于分析性报告和决策支持目的而创建。为需要业务智能的企业,提供指导业务流程改进、监视时间、成本、质量以及控制。

数据仓库,由数据仓库之父比尔·恩门(Bill Inmon)于 1990 年提出,主要功能仍是将组织透过信息系统之联机事务处理经年累月所累积的大量资料,透过数据仓库理论所特有的数据储存架构,系统地分析整理,以利各种分析方法如联机分析处理、数据挖掘的进行,并进而支持如决策支持系统、专家系统的创建,帮助决策者能快速有效的自大量数据中,分析出有价值的信息,以利决策拟定及快速回应外在环境变动,帮助建构商业智能。

数据仓库之父比尔·恩门在 1991 年出版的《建立数据仓库》一书中提出数据仓库是一个面向主题的、集成的、相对稳定的、反映历史变化的数据集合,用于支持管理决策。

(二) 数据仓库的实现

数据仓库是一个过程而不是一个项目。数据仓库系统是一个信息提供平台,从业务处理系统获得数据,以模型进行数据组织,并为用户提供各种手段从数据中获取信息和知识。

从功能结构划分,数据仓库系统至少应该包含数据获取、数据存储、数据访问三个关键部分。

企业数据仓库的建设,是以现有企业业务系统和大量业务数据的积累为基础。数据仓库不是静态的概念,只有把信息及时交给需要这些信息的使用者,供他们做出改善其业务经营的决策,信息才能发挥作用,信息才有意义。而把信息加以整理归纳和重组,并及时提供给相应的管理决策人员,是数据仓库的根本任务。因此,从产业界的角度看,数据仓库建设是一个工程,是一个过程。

数据仓库的应用不仅是信息技术方面的应用,在规划和执行方面更需对产业知识、营销管理、市场定位、策略规划等相关业务有深入的了解,才能真正发挥数据仓库以及后续分析的价值,提升组织竞争力。

数据仓库的建立步骤包括:收集和分析业务需求;建立数据模型和数据仓库的物理设计;定义数据源;选择数据仓库技术和平台;从操作型数据库中抽取、净化、和转换数据到数据仓库;选择访问和报表工具;选择数据库连接软件;选择数据分析和数据展示软件以及更新数据仓库。

(三) 数据仓库与数据库的关系

数据仓库与数据库的联系:数据仓库的出现,并不是要取代数据库。大部分数据仓库还是用关系数据库管理系统来管理的。可以说,数据库、数据仓库相辅相成、各有千秋。但二者有显著区别,如表 4-3 所示。

表 4-3 数据仓库与数据库的区别

不同之处	数据库	数据仓库
出发点	面向事务的设计	面向主题设计的
存储的数据	一般存储在线交易数据	一般是历史数据
设计规则	采用符合范式的规则来设计	采用反范式的方式来设计
提供的功能	为捕获数据而设计	为分析数据而设计
基本元素	事实表	维度表
容量	比数据仓库小得多	比数据库大
服务对象	企业业务处理方面的工作人员	企业高层决策人员

三、联机事务分析

联机分析处理(OLAP)是一种软件技术,它使分析人员能够迅速、一致、交互地从各个方面观察信息,以达到深入理解数据的目的。它具有共享多维信息的快速分析(FASMI)的特征。其中 F 是快速性,指系统能在数秒内对用户的多数分析要求做出反应;A 是可分析性,指用户无需编程就可以定义新的专门计算,将其作为分析的一部分,并以用户所希望的方式给出报告;S 是共享性,指能够支持多个用户同时访问和共享数据及分析结果;M 是多维性,指提供对数据分析的多维视图和分析;I 是信息性,指能及时获得信息,并且管理大容量信息。

自 20 世纪 80 年代开始,许多企业利用关系型数据库来存储和管理业务数据,并建立相应的应用系统来支持日常的业务运作。这种应用以支持业务处理为主要目的,被称为联机事务处理(OLTP)应用,它所存储的数据被称为操作数据或者业务数据。

随着数据库技术的广泛应用,企业信息系统产生了大量的业务数据,如何从这些海量的业务数据中提取出对企业决策分析有用的信息,成为企业决策管理人员所面临的重要难题。因此,人们逐渐尝试对 OLTP 数据库中的数据进行再加工,以形成一个综合的、面向服务对象、访问方式、事务管理乃至物理存储等方面都有不同的特点和要求,因此,直接在操作型数据库上建立决策支持系统是不合适的。数据仓库技术就是在这样的背景下发展起来的。

随着市场竞争的日趋激烈,企业更加强调决策的及时性和准确性,这使得以支持决策管理分析为主要目的的应用迅速崛起,这类应用就是联机分析处理。

联机分析处理的主要特点,是直接仿照用户的多角度思考模式,预先为用户组建多维的数据模型,在这里,维指的是用户的分析角度。例如,对销售数据的分析,时间周期是一个维度,产品类别、分销渠道、地理分布、客户群类也是维度。一旦多维数据模型建立完成,用户可以快速地从各个分析角度获取数据,也能动态地在各个角度之间切换或者进行多角度综合分析,具有极大的分析灵活性。

事实上,数据仓库系统的核心是联机分析处理,当然,数据仓库包括更为广泛的内容。

四、数据挖掘

数据挖掘(Data Mining)是指从大量的数据中通过算法搜索隐藏于其中信息的过程。近年来,数据挖掘引起了信息产业界的极大关注,其主要原因是存在大量数据,可以广泛使用,并且迫切需要将这些数据转换成有用的信息和知识。获取的信息和知识可以广泛用于各种应用,包括商务管理、生产控制、市场分析、工程设计和科学探索等。

数据挖掘是利用一些科学思想,如来自统计学的抽样、估计和假设检验,来自人工智能、模式识别和机器学习的搜索算法、建模技术和学习理论等,对大量的数据进行处理搜索隐藏于其中信息的过程。其中还采纳了来自其他领域的思想,这些领域包括最优化、进化计算、信息论、信号处理、可视化和信息检索等。另外,有一些技术也起到重要的支撑作用。比如,需要数据库系统提供有效的存储、索引和查询处理支持;源于高性能集群计算的技术在处理海量数据集方面常常起到重要作用;分布式技术用来应对数据不能集中到一起处理时的问题。

数据挖掘的对象可以是任何类型的数据源。它可以是关系数据库,此类包含结构化数据的数据源;也可以是数据仓库、文本、多媒体数据、空间数据、时序数据、Web 数据,此类包含半结构化数据甚至异构性数据的数据源。

发现知识的方法可以是数字的、非数字的,也可以是归纳的。最终被发现的知识可以用于信息管理、查询优化、决策支持及数据自身的维护等。

第四节 数字签名

一、电子商务安全

在电子商务活动中,安全的意义非常广泛,不安全的因素来自多个层面,有设备导致处理商业活动数据不正常的隐患,也有网络设施运行不正常带来的威胁,更有电子商务交易活动参与者的诚信所带来的威胁。电子商务安全可以分成技术性的和非技术性的,涵盖计算机操作系统、应用软件的安全问题,通信传输协议的安全问题,网络管理的安全问题等。

电子商务的安全需求和相应措施包括以下六点,如表4-4所示。

表 4-4 电子商务的安全需求和措施

电子商务安全需求		安全措施
信息的保密性	防止数据被泄漏	加密技术
信息的完整性	防止数据丢失和篡改	数字摘要
不可否认性	防止发送数据后抵赖	数字时间戳、数字签名
身份的真实性	确保交易双方身份信息的真实	数字证书
系统的可靠性	防止计算机失效、程序错误、传输错误、自然灾害等引起的计算机信息失效或失误,保证存储在介质上的信息的正确性	防病毒软件
可控性	防止未经授权擅自侵入	用户名/口令、SSL、S-HTTP

二、加密技术

(一)加密的概念

加密就是用基于数学算法的程序和保密的密钥对信息进行编码,生成难以理解的字符串,将明文转成密文的程序称作加密程序。加密程序的逻辑称为加密算法,如图4-5所示。

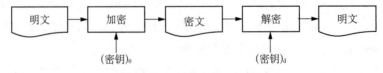

图 4-5 数据的加密传输

(二)对称加密和非对称加密

1. 对称加密

对称加密又称私有密钥加密,只用一个密钥对信息进行加密和解密。由于加密和解密用的是同一密钥,所以发送者和接收者都必须知道密钥。同一个文件发送者向不同对象发送文件,应该掌握各自的密钥。如果有 100 个人互相需要发送文件,每人需要掌握 99 个密钥,其总数高达 4 950 个。对称密钥加密的典型算法是数据加密标准 DES。对称加密优点是加密和解密的速度快,缺点是天文数字的密钥组合。

2. 非对称密钥加密

非对称密钥加密也叫公开密钥加密,加解密的两个密钥是不同密钥,但它们成对出现,互为加解密钥。通常在此系统中,一个密钥叫公开密钥,可随意发给期望同密钥持有者进行安全通信的人,用于对信息加密。第二个密钥是私有密钥,属于密钥持有者,由持有者进行保护。密钥持有者用私有密钥对收到的信息进行解密。

非对称密钥加密的优点:密钥少、便于管理。每一用户只需保存自己的解密密钥,则 100 个用户仅需产生 100 对密钥,密钥分配简单。加密密钥(公钥)分发给用户,且不需要秘密的通道和复杂的协议来传送密钥,而解密密钥(私钥)则由用户自己保管,不在网络中传送,可以实现数字签名和数字鉴别。非对称密钥加密技术的缺点是加、解密速度慢。

公开密钥系统并不是要取代私有密钥系统,相反,是相互补充的,可用公开密钥在互联网上传输私有密钥,称为数字信封,从而实现更有效的安全网络传输。

三、数字签名

数字签名也叫电子签名,在电子支付系统中,是一个仅能由发送方才能产生的且仅与所签署电子文档有关的一种标记,其他人只能简单地识别此标记是属于谁的和属于哪个电子文档的,而无法伪造和盗用。

(一) 数字摘要

技术原理是采用单向哈希(Hash)函数将需要加密的明文"摘要"成一串固定长度(128 位)的密文。这一串密文又称为数字指纹,它有固定的长度,而且不同的明文摘要成密文,其结果总是不同的,而同样的明文其摘要必定一致。

数字摘要是利用数字指纹来保证信息完整性的一种手段。在传输信息时将文件的数字指纹加入文件一同送给接收方,接收方收到文件后,用相同的方法进行变换运算,若得到的结果与发送来的摘要码相同,则可断定文件未被篡改。

(二) 数字签名技术

1. 什么是数字签名

数字签名(又称公钥数字签名、电子签章)是一种类似写在纸上的普通的物理签名,但是使用了公钥加密领域的技术实现,用于鉴别数字信息的方法。一套数字签名通常定义两种互补的运算,一个用于签名,另一个用于验证。

数字签名,就是只有信息的发送者才能产生的别人无法伪造的一段数字串,这段数字串同时也是对信息的发送者发送信息真实性的一个有效证明。数字签名是非对称密钥加密技术与数字摘要技术的应用。

2. 数字签名的过程

(1) 信息发送方使用安全单向哈希函数对要发送的信息进行变换,生成信息摘要。

(2) 发送方使用公开密钥加密算法和自己的私钥,对生成的信息摘要进行数字签名。

(3) 发送方将签名的信息摘要和原信息一起发送给信息接收方。

(4) 接收方使用与发送方相同的单向 Hash 函数对收到的信息进行变换,生成一个新的消息摘要。

(5) 接收方使用公开密钥算法和发送方的公钥,解密接收到的信息摘要。

(6) 将解密后的信息摘要和新生成的信息摘要对比,如果相同,则证明了信息在传输过程中没有被更改和遗漏,同时,证明发送方的身份的真实性。如果不同,则数字签名无效,不予接受。这通过上述数字指纹特性得到保证。

3. 数字签名的功能

(1) 接收方能够证实发送方的真实身份。

(2) 发送方事后不能否认所发送过的报文。

(3) 接收方或非法者不能伪造、篡改报文。

四、数字证书

数字证书也叫数字标识,是一段包含有用户身份信息、用户公钥信息以及证书认证中心(CA)数字签名的数据。数字证书用电子手段来证实一个用户的身份和对网络资源的访问权限,是各类终端实体和最终用户在网上进行信息交流及商务活动的身份证明。

CA 的核心功能就是发放和管理数字证书。一个典型的 CA 认证系统一般包括安全服务器、注册机构 RA、CA 服务器、LDAP 目录服务器和数据库服务器等。

证书内容包括两点。(1)申请者的信息:版本信息、证书序列号(每个由 CA 发行的证书有个唯一的序列号)、CA 所使用的签名算法、发行证书 CA 的名称、证书的有效期限、证书主题名称、被证明的公钥信息等。(2)CA 的信息:CA 的签名、签名算法。

数字时间戳是一个经加密后形成的凭证文件,用以保证信息的原始发送或接收时间和日期的真实性。

五、公钥基础设施(PKI)

(一) PKI 的概念

PKI 是一种遵循既定标准的密钥管理平台。PKI 是利用公钥理论和技术建立的提供安全服务的基础设施。PKI 的基础技术包括加密、数字签名、数据完整性机制、数字信封、双重数字签名等。

(二) PKI 系统的组成

(1) 认证机构(CA),即数字证书的申请及签发机关,必须具备权威性的特征。

(2) 数字证书库,用于存储已签发的数字证书及公钥,用户可由此获得所需的其他用户的证书及公钥。

(3) 密钥备份及恢复系统。

(4) 证书作废系统。

(5) 应用接口。完整的 PKI 必须提供良好的应用接口系统,使得各种应用能够以安全、一致、可信的方式与 PKI 交互,确保安全网络环境的完整性和易用性。

六、安全支付技术

(一) 安全套接层协议(SSL)

1. SSL 概述

SSL 面向 TCP/IP 的 C/S 应用程序提供了客户端和服务器的鉴别、数据完整性及信息机密性等安全措施。

2. SSL 提供的服务

(1) 认证性。SSL 使用数字证书来验证客户机和服务器的合法身份,确保数据发送到正确的客户机和服务器上。

(2) 保密性。SSL 客户机和服务器之间通过密码算法和密钥的协商,建立起安全通道,在安全通道中传输的所有信息都经过了加密处理,以防止数据中途被窃取。

(3) 完整性。SSL 利用密码算法和哈希函数,通过提取传输信息特征值保证信息的完整性。

3. SSL 的体系结构

SSL 的安全服务位于 TCP/IP 协议层和应用层之间,可用于保护正常运行于 TCP 之上的任何应用协议(HTTP、FTP、SMTP 或 Telnet)。SSL 协议由两层组成。

(1) SSL 记录协议。

SSL 记录协议建立在可靠的传输协议 TCP 基础上,定义了传输的格式,为高层协议提供数据封装、压缩、加密等基本功能的支持。

(2) SSL 握手协议。

SSL 握手协议位于记录层协议的上部,用于实际的数据传输开始之前,客户机和服务器之间的身份认证、加密算法协商、交换加密密钥等。

(二) 安全电子交易协议(SET)

SET 是 Visa 和 Mastcard 在 1996 年提出的标准协议。它是针对互联网上在线支付的安全而设计的一个开放的规范,目前已被 IT 企业和金融业认可,成为事实上的标准。

基于 SET 的安全电子数据交换系统是一套网络动态认证过程,这个过程概括起来为以下三个步骤:注册登记、加密处理和动态认证。

加密过程包括购买者用私钥解密回函,用商家公钥填发定单,用银行公钥填发付款单和数字签名等。商家用私钥解密定单和付款通知,用购买者公钥发出付款通知和代理银行公钥。银行用私钥解密付款及金融数据,用商家公钥加密购买者付款通知。

SSL 已被大部分浏览器和服务器所内置,易用性高。SET 要求在银行建立支付网关,在商户的服务器上安装商户软件、持卡人的个人计算机上安装电子钱包软件等。

本 章 小 结

电子商务技术是多技术的集合,包括采集、处理、存储和交换数据等技术。电子商务技术框架是由网络层、应用平台层、应用层和公共基础组成。

计算机网络是指把分布在不同地理位置的具有独立功能的计算机,通过各种通信设备和线路物理地连接起来,按照网络协议相互通信,以共享软件、硬件和数据资源为目标的系统。按照网络通信的距离或者覆盖范围,计算机网络可以分为局域网、城域网和广域网。

互联网是一种把许多网络都连接在一起的国际性网络,是最高层次的骨干网络。连接在互联网上的网络,都采用互联网的标准通信协议,主要是 TCP/IP 的协议。

数据库技术是信息系统的一个核心技术,是一种计算机辅助管理数据的方法。它研究如何组织和存储数据,如何高效地获取和处理数据。数据库管理系统是一种操纵和管理数据库的大型软件,用于建立、使用和维护数据库。

数据仓库是为企业所有级别的决策制定过程,提供所有类型数据支持的战略集合。数据挖掘是指从大量的数据中通过算法搜索隐藏于其中信息的过程。

数字签名,就是只有信息的发送者才能产生的别人无法伪造的一段数字串,这段数字串同时也是对信息的发送者发送信息真实性的一个有效证明。数字签名是非对称密钥加密技术与数字摘要技术的应用。

 **课后案例**

百万中小企业可免费注册国家顶级域名,如何进一步数字化?

2023年1月16日,由中国互联网络信息中心(CNNIC)主办的互联网基础资源赋能百万户中小企业数字化行动(以下简称"行动")发布会在京举办。本次"行动"将在未来两年内,为百万户中小企业提供免费注册国家顶级域名,降低IPv6地址(互联网协议第六版,地址长度为128位)的申请和使用费用,并以优惠价格提供主机、建站、邮箱等互联网应用产品和服务,帮助中小企业实现"提质、增效、降本、减存、绿色、安全发展"等多重发展目标,紧跟数字化进程。

多位受访的参与此次行动的注册服务商告诉新京报贝壳财经记者,中小型企业现在大部分没有自己的品牌域名和官网,此次支持中小企业注册域名的行动,为企业减少了成本,同时注册商配套产品价格给予优惠支持,助力中小型企业数字化转型。

工业和信息化部中小企业局二级巡视员廉莉在现场表示,数字化转型是中小企业高质量发展的必由之路,也是实现新型工业化的必然选择。"十四五"时期是我国中小企业数字化转型的关键窗口期和战略机遇期,本次"行动"为破解中小企业数字化转型"不愿转、不敢转、不会转"的共性难题提供了很好的工作思路。

1. 助力中小企业降低数字化转型成本

在本次"行动"中,中国互联网络信息中心将为国内中小企业免费提供100万个国家顶级域名和隐私保护服务,降低IPv6地址的申请和使用费用,参与行动的19家注册服务机构将为中小企业提供价格优惠的云解析、企业邮箱、SSL证书、云服务器、DNS解析产品、网站建设等互联网应用产品和服务。

谈及国内目前中小企业域名注册的现状,中万网络商务总监于建军对新京报贝壳财经记者称,中小型企业现在大部分没有自己的品牌域名和官网,基本借助第三方平台宣传和推广,此次行动为企业减少了成本,助力中小型企业数字化转型。

"域名其实是商标和版权在网络上的一个衍生,也是中小企业的一个标配。"互联网域名系统北京市工程研究中心有限公司(简称"ZDNS")副总经理冯硕对记者称,域名也是一个企业的流量入口,"用中国自己运营的域名,也更加安全可靠。"

新网域名业务总监杨纯也表示,参与本次行动的服务商除了提供域名注册,还提供互联网基础资源产品,并且给予很大的优惠降价。"在这个经济复苏阶段,能帮助中小企业解决成本问题。"

中国互联网络信息中心主任曾宇提出,此次行动,宗旨是助力中小企业数字化转型"转得起、用得上、出效益"。他还强调,本次"行动"要坚持创新引领,激发中小企业发展活力;推动示范引领,释放中小企业转型潜力,形成数字化转型系统解决方案;加大宣传推广力度,提升中小企业数字化转型意识。

2. 中小企业数字化绝大多数还在探索中

近年来,中小企业数字化得到了越来越多关注。中科三方总经理邹立刚认为,中小企业的数字化要重点聚焦于数据、场景和数字技术。企业的智力成果、财务、人力资源等核心资产也是以数字化信息系统的方式管理和运营。"域名系统也是中小企业步入数字化的必经之路。"

不过在于建军看来,目前数字化转型还是国内中小型企业的短板,"部分企业还是没有重视起来企业数字化建设"。杨纯分析称,影响中小企业数字化进展的因素,一个是数字化成本,另一个是企业关于自身营销策略的思考。

"总体来看,我国中小企业的数字化绝大多数还处在探索阶段中,且面临着各种各样的问题,首先,中小企业数字化转型的成本高、试错能力差,这是中小企业实现数字化转型的最大阻碍。其次,很多中小企业没有专门的技术团队和人才,缺乏数字化转型所需要的技术储备。数据安全也成了中小企业数字化转型的主要顾虑。"邹立刚说。

去年11月3日,工信部印发《中小企业数字化转型指南》,面向中小企业、数字化转型服务供给方和地方各级主管部门,从增强企业转型能力、提升转型供给水平、加大转型政策支持等三方面提出了14条具体举措。中华人民共和国工信部数据显示,中小企业贡献了50%以上的税收、60%以上的GDP、70%以上的技术创新、80%以上的城镇劳动就业、90%以上的企业数量,是国民经济和社会发展的生力军。但我国产业数字化发展多年,成果大多集中在头部市场,对中长尾端的覆盖,还存在较大的数字鸿沟,真正享受到数字化红利的中小企业并不多。

(资料来源:https://www.chinanews.com.cn/cj/2023/01-17/9937264.shtml)

思考题

1. 中小企业数字化转型难点在哪里,如何进一步促进中小企业数字化?
2. 第三方服务商有哪些方案能帮助中小企业用户完成线上的数字化转型?

 **课后调研**

开展域名代理服务商服务调研。

◇ 选择新网(www.xinnet.com)、阿里云起航(wanwang.aliyun.com)等域名代理机构中的一个登录,查询其所提供的域名服务项目及业务流程。

◇ 选择上述某一域名代理机构,注册成为会员。

◇ 在域名注册查询页面输入想注册的域名,查询其是否已被注册。并了解注册申请全过程。

第五章　数字技术应用

 引入阅读

北斗卫星对国内导航产业有何意义

据多家媒体报道，截至 2022 年 11 月，北斗卫星在民用导航高德地图的日均使用量已超 2 100 亿次。据统计，在同时支持北斗卫星和其他卫星导航系统的手机用户中，高德地图平均每次定位所调用的卫星，北斗卫星的数量占比最高，较排名第二的 GPS 多出 30%。

这组振奋人心的数据一经发布，引发各方关注。更早之前，百度地图宣布已实现 97.81% 北斗卫星优先定位，国庆假期期间，北斗卫星日定位量突破 1 500 亿次，相比节前增幅超 50%。

按此计算，北斗卫星导航仅仅在中国民用地图导航领域，就实现了 4 000 亿的单日使用量。放在 2019 年前，这是一个不敢想象的数据。

有业界人士认为，北斗卫星大幅度超过 GPS，得到了市场检验，是中国科技创新领域的又一大典型突破。

1. GPS 对比北斗卫星：二者市占比例大约为多少

2021 年国内智能手机出货量中支持北斗卫星的已达 3.24 亿部，占国内智能手机总出货量的 94.5%。

那么，北斗和 GPS 在国内的份额分别是多少？没有公开数据，只能捕捉各方释放的数据做一番猜想。按照高德"北斗调用比 GPS 多 30%"的说法计算，同时假设百度也拥有和高德类似的比例，那么北斗在国内地图导航市场应该有六成份额。

透过两年的发展趋势来看，双方的份额之差几乎以月为单位，不断拉大。预计不久的将来，北斗份额有望进一步大幅度突破。

其实，在中国范围内北斗卫星用量早就超过 GPS，为什么现在高德才宣布"调用比 GPS 多出 30%"？是因为咱们的科研工作者，一直秉承谦虚谨慎的态度，往往是

先做了再说,做了也不一定说,这是我们一贯的优良传统。

2. 三大利好"卡脖子"的时代一去不复返

北斗卫星超越GPS有三个直观的好处。

第一个是自主可控,不用怕被别人"卡脖子"了。我们的科技工作者,包括高德和百度地图这种民营科技企业,可以心无旁骛开展研发,加速基于北斗卫星导航的各类市场应用落地。

第二是安全,在数据安全传输这一块有了保障。

第三是更好用易用,在大部分地方,北斗卫星导航的精确度不弱于GPS,甚至很多地区比GPS更精准更好用。高德还基于北斗卫星,推出一项创新服务,用户可以实时查看头顶帮助导航的卫星。

3. 应用场景有待挖掘

北斗卫星的初衷其实用于军事领域,后来拓展到民用领域。军事略过不谈,只说民用,我们熟悉的智慧城市、自动驾驶、地图导航、网约车、外卖配送等,都有北斗卫星的用武之地。

别看现在单日4 000亿次的使用/调用量是一个很高的数据,几年后来看,4 000亿次是一个序章而已。国内用户熟悉的百度地图和高德地图,只是北斗卫星产业应用的冰山一角,未来它还将在工农业、国防安全、气象水文、能源运输等领域发挥更大价值。

(资料来源:https://zhuanlan.zhihu.com/p/592086673)

第一节 电子数据交换

一、什么是电子数据交换

电子数据交换(EDI),按照同一规定的一套通用标准格式,将标准的经济信息通过通信网络传输,在贸易伙伴的电子计算机系统之间进行数据交换和自动处理。由于使用EDI能有效地减少直到最终消除贸易过程中的纸面单证,因而EDI也被俗称为"无纸交易"。它是一种利用计算机进行商务处理的新方法,是计算机之间信息的电子传递,而且使用某种商定的标准来处理信息结构。整个过程都是自动完成,不需要人工干预,减少了差错,提高了效率。

EDI是将贸易、运输、保险、银行和海关等行业的信息,用一种国际公认的标准格式,通过计算机通信网络,使各有关部门、公司与企业之间进行数据交换与处理,并完成以贸易为中心的全部业务过程,如图 5-1 所示。

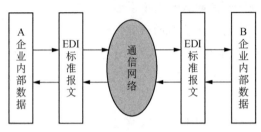

图 5-1　EDI 工作方式

一个 EDI 信息包括了一个多数据元素的字符串,每个元素代表了一个单一的事实,比如价格和商品模型号等,相互间由分隔符隔开。整个字符串被称为数据段。一个或多个数据段由头和尾限制定义为一个交易集,此交易集就是 EDI 传输单元(等同于一个信息)。一个交易集通常由包含在一个特定商业文档或模式中的内容组成。当交换 EDI 传输时即被视为交易伙伴。

EDI 系统由通信模块、格式转换模式、联系模块、消息生成和处理模块等四个基本功能模块组成。

二、EDI 发展简史

EDI 技术诞生在 20 世纪 60 年代末的美国,贸易者们在利用计算机处理繁杂多样的商务文件时发现,由人工方式输入到计算机中的数据的 70% 是出自另一台由人工方式输入到计算机中的文件,在这些环节中存在大量的人为因素,必然会影响数据的准确性,同时增加了工作的环节降低了工作效率,也存在着很大程度的安全风险。在这样的背景下,人们开始考虑尝试能否在贸易伙伴间的计算机上自动交换数据,降低人为干扰,于是,早期的 EDI 技术就应运而生了。

1994 年以前,企业级电子商务是通过基于增值网的 EDI 进行的。这种 EDI 通过专有的增值网络进行,需要较大的投资;EDI 离不开分布式软件,成本高、复杂,给参与者增加了很大的负担;EDI 是分批交付的,影响实时生产、采购和定价。由于这些原因,这阶段的 EDI 没有真正起飞,尤其是在众多的中小企业和发展中国家并没有广泛使用。

20 世纪 90 年代,伴随着互联网技术的普及,基于互联网的 EDI 应运而生,使 EDI 从专用网扩大到互联网,降低了实现成本,满足了中小企业对 EDI 的需求。到 20 世纪末,美国就有超过 5 万家公司采用 EDI 进行企业贸易往来;欧洲也有超过 4 万家应用 EDI 的企业用户,领域涉及化工业、电子业、汽车制造业、零售业和银行业。21 世纪以来全球越来越多的企业加入阵营。

基于互联网通信方式的 EDI 系统有一个主要的缺点，那就是安全性较差。造成这一点的主要是由于 Internet 技术的开放性，它不像在基于增值网 EDI 中进行的电子数据交换是通过一个任意两个 EDI 用户已经信任的第三方作为交换中心。但是基于增值网的 EDI 对比基于互联网的 EDI 在且仅在安全性方面上的优势也已经不那么明显了，这是因为互联网 EDI 指定了标准电子商业数据交换解决方案，通过这些方案可以保证在贸易伙伴们之间安全地通过 EDI 进行贸易活动。

基于互联网通信方式的 EDI 目前有四种主要方式：Internet Mail、Standard IC、Web-EDI 和 XML/EDI。

三、EDI 的工作步骤

（1）买方标明要购买的货物的名称、规格、数量、价格、时间等，这些数据被输入采购应用系统，该系统的翻译软件制作出相应的 EDI 电子订单，这份订单被电子传到卖方。

（2）卖方的计算机接到订单后，EDI 软件把订单翻译成卖方的格式，同时自动生成一份表明订单已经收到的功能性回执。这份回执被电子传递到买方。

（3）卖方也许还会产生并传递一份接收订单通知给买方，表示供货的可能性。

（4）买方的计算机收到卖方的功能性回执及接收订单通知后，翻译软件将它们翻译成买方的格式，这时订单被更新了一次。

（5）买方根据订单的数据，产生一份电子的"了解情况"文件，并电子化传递到卖方。

（6）卖方的计算机收到了买方的"了解情况"文件，把它翻译成卖方的格式，并核查进展情况。

四、EDI 要素及优点

（一）不同地区与行业会使用一些不同的 EDI 标准，EDI 的要素有三点

（1）通信协议：包括 AS2、OFTP(2)、FTP(s)、WebServices、RNIF 等。

（2）标准格式：包括 ANSI X.12、EDIFACT、RosettaNet、ebXML、CSV/TXT、XML 等。

（3）传输内容：包括订单、预测、订单变更、订单确认、发货通知、对账单、发票等。

（二）使用 EDI 的主要优点有四点

（1）降低了纸张文件的消费。

（2）减少了大量重复劳动，提高了工作效率。

（3）贸易双方能够以更迅速、有效的方式进行贸易，大大简化了订货过程或存货过程，能及时地充分利用各自的人力和物力资源。

（4）可以改善贸易双方的关系，厂商可以准确地估计日后商品的需求量，货运代理商可以简化大量的出口文书工作,商业用户可以提高存货的效率,提高他们的竞争能力。

五、EDI 的应用

1. EDI 用于金融、保险和商检

可以实现对外经贸的快速循环和可靠的支付,降低银行间转账所需的时间,增加可用资金的比例,加快资金的流动,简化手续,降低作业成本。

2. EDI 用于外贸、通关和报关

EDI 用于外贸业,可提高用户的竞争能力。EDI 用于通关和报关,可加速货物通关,提高对外服务能力,减轻海关业务的压力,防止人为弊端,实现货物通关自动化和国际贸易的无纸化。

3. EDI 用于税务

税务部门可利用 EDI 开发电子报税系统,实现纳税申报的自动化,既方便快捷,又节省人力物力。

4. EDI 用于制造业、运输业和仓储业

制造业利用 EDI 能充分理解并满足客户的需要,制订出供应计划,达到降低库存,加快资金流动的目的。运输业采用 EDI 能实现货运单证的电子数据传输,充分利用运输设备、仓位,为客户提供高层次和快捷的服务。对仓储业,可加速货物的提取及周转,减缓仓储空间紧张的矛盾,从而提高利用率。

第二节 射频识别技术

一、射频识别技术是什么

RFID(射频识别技术),是自动识别技术的一种,通过无线射频方式进行非接触双向数据通信,利用无线射频方式对记录媒体(电子标签或射频卡)进行读写,从而达到识别目标和数据交换的目的。它借助无线电波,在不需要人工干预的情况下将信息从一个载体传输到另外一个载体上,具有识别速度快、传输效率高的优点。沃尔玛、SAP、BEA、Intel、SensiTech、Swisslog 等国际机构在各自行业中对射频识别技术的推广应用,证明和揭示了该项技术巨大的发展潜力和广泛的应用前景。RFID 技术和互联网技术的有机结合更是全球 IT 行业最具革命性的增长点之一。

RFID 技术通过无线电波不接触快速信息交换和存储技术,通过无线通信结合数据访问技术,然后连接数据库系统,加以实现非接触式的双向通信,从而达到识别的目的,

用于数据交换,串联起一个极其复杂的系统。在识别系统中,通过电磁波实现电子标签的读写与通信。根据通信距离,可分为近场和远场,为此读/写设备和电子标签之间的数据交换方式也对应地被分为负载调制和反向散射调制。

二、组成部分及工作原理

(一) 组成部分

1. 电子标签

由耦合元件及芯片组成,每个标签具有唯一的电子编码,高容量电子标签有用户可写入的存储空间,附着在物体上标识目标对象。

2. 阅读器

手持或固定式读取(有时还可以写入)电子标签信息的设备。

3. 天线

在电子标签和阅读器间传递射频信号。

(二) 工作原理

RFID技术的基本工作原理并不复杂。电子标签进入阅读器发出的磁场后,接收阅读器发出的射频信号,凭借感应电流所获得的能量发送出存储在芯片中的产品信息(无源标签),或者主动发送某一频率的信号(有源标签);解读器读取信息并解码后,送至应用系统的信息处理中心进行有关数据处理,如图5-2所示。

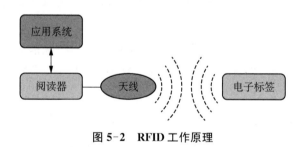

图5-2　RFID工作原理

三、RFID技术特点

RFID技术特点如表5-1所示。

表5-1　RFID技术特点

外观多样、体积小巧	标签内置天线,可集成为微电子器件,不受形状和尺寸限制,更加方便满足多形状和小型化发展的需求,以便应用到更多的领域中
可反复使用	标签中电子数据允许反复写入和擦除,所以可以循环使用,有效利用资源,更加节约环保

续 表

抗干扰,适应环境能力强	条形码、二维码等纸质码易受到污染影响识别,RFID技术抗污性能更好,在恶劣条件下不妨碍正常工作
存储容量大	标签的内存容量比其他识别码大,对目标数据可以更加完整地标识。如96位的电子标签可以满足识别物体的数量多达十亿
数据读写方便	可以同时识别多个RFID标签,不用接触便可实现信息的读取
穿透性能好	在系统应用过程中,标签通常被固定到待识别物体表面上,如果被物体覆盖或者阻挡,标签的通信也不会受到影响
简易性	RFID标签结构简单,识别速率高、所需读取设备简单。尤其是随着NFC技术在智能手机上的普及,每个用户的手机都将成为最简单的RFID阅读器

四、RFID 的应用

几十年来RFID技术的理论得到了丰富和完善,有源、无源及半无源电子标签均得到了飞速发展,单芯片电子标签、多电子标签识读、无线可读可写、无源电子标签的远距离识别、适应高速移动物体的RFID都在成为现实。电子标签的应用场景非常丰富。

RFID技术可用于物流过程中的货物追踪、信息自动采集、仓储应用、港口应用、邮政快递;零售业的商品销售数据的实时统计、补货、防盗;制造业的生产数据的实时监控、质量追踪、自动化生产;资产管理中的各类贵重的,或数量大相似性高的,或危险品等资产的管理。

还可以用于医疗行业中的医疗器械管理,药品管理和医院信息系统;交通运输的高速公路收费管理,出租车、公交车的车辆识别与管理;书店、图书馆和出版社的图书管理应用。

还能用在各种身份识别、防伪和追踪场景中,如电子护照、身份证、学生证等各种电子证件;驯养动物、畜牧牲口及宠物的识别管理;贵重物品及票证的防伪;水果、蔬菜、生鲜食品等保鲜度的管理;钥匙、行李和车辆的追踪等应用。

第三节 地理信息系统

一、什么是地理信息系统

地理信息系统(GIS)有时又称为"地学信息系统",是一种空间信息系统。它是在计算机硬件、软件系统支持下,对整个或部分地球表层(包括大气层)空间中的有关地理分布数据进行采集、储存、管理、运算、分析、显示和描述的技术系统。GIS是以计算机图形图像处理、数据库技术、测绘遥感技术及现代数学研究方法为基础,集空间数据和属性数据于一体的综合空间信息系统。由于其在空间信息管理和分析方面的独特优势,在环境科学、人文科学、法学、电气工程等领域得到广泛应用。

GIS又是一门综合性学科,结合地理学与地图学以及遥感和计算机科学,广泛应用在不同的领域。随着GIS的发展,也有称GIS为"地理信息科学",近年来,也有称GIS为"地理信息服务"。人们对GIS理解在不断深入,内涵在不断拓展,"GIS"中,"S"的含义包含以下四层意思。

(1) S是系统(System),是从技术层面的角度论述地理信息系统,即面向区域、资源、环境等规划、管理和分析,是指处理地理数据的计算机技术系统,但更强调其对地理数据的管理和分析能力,地理信息系统从技术层面意味着帮助构建一个地理信息系统工具,如给现有地理信息系统增加新的功能或开发一个新的地理信息系统或利用现有地理信息系统工具解决一定的问题。一个地理信息系统项目可能包括以下几个阶段:定义一个问题;获取软件或硬件;采集与获取数据;建立数据库;实施分析;解释和展示结果。

这里的地理信息系统技术是指收集与处理地理信息的技术,包括全球定位系统、遥感和GIS。从这个含义看,GIS包含两大任务:一是空间数据处理;二是GIS应用开发。

(2) S是科学(Science),是广义上的地理信息系统,常称之为地理信息科学,是一个具有理论和技术的科学体系,意味着研究存在于GIS和其他地理信息技术后面的理论。

(3) S是代表着服务(Service),随着遥感等信息技术、互联网技术、计算机技术等的应用和普及,地理信息系统已经从单纯的技术型和研究型逐步向地理信息服务层面转移,如导航需要催生了导航GIS的诞生,Google也增加了Google Earth功能,GIS成为人们日常生活中的一部分。为避免混淆,一般用GIS表示技术,GISci表示地理信息科学,GISer表示地理信息服务。

(4) S是研究(Studies),研究有关地理信息技术引起的社会问题,如法律问题、私人或机密主题、地理信息的经济学问题等。

因此,GIS是一种专门用于采集、存储、管理、分析和表达空间数据的信息系统,它既是表达、模拟现实空间世界和进行空间数据处理分析的"工具",也可看作是人们用于解决空间问题的"资源",同时还是一门关于空间信息处理分析的"科学技术"。

二、地理数据和地理信息

信息与数据既有区别,又有联系。数据是定性、定量描述某一目标的原始资料,包括文字、数字、符号、语言、图像、影像等,它具有可识别性、可存储性、可扩充性、可压缩性、可传递性及可转换性等特点。信息与数据是不可分离的，信息来源于数据，数据是信息的载体。数据是客观对象的表示，而信息则是数据中包含的意义，是数据的内容和解释。对数据进行处理就是为了得到数据中包含的信息。数据包含原始事实，信息是数据处理的结果，是把数据处理成有意义的和有用的形式。

地理信息作为一种特殊的信息，它同样来源于地理数据。地理数据是各种地理特征和现象间关系的符号化表示，是指表征地理环境中要素的数量、质量、分布特征及其规律的数字、文字、图像等的总和。地理数据主要包括空间位置数据、属性特征数据及时域特征数据三个部分。空间位置数据描述地理对象所在的位置，这种位置既包括地理要素的绝对位置，如大地经纬度坐标，也包括地理要素间的相对位置关系，如空间上的相邻、包含等。属性数据有时又称非空间数据，是描述特定地理要素特征的定性或定量指标，如公路的等级、宽度、起点、终点、人口密度、交通流量等。时域特征数据是记录地理数据采集或地理现象发生的时刻或时段。时域特征数据对环境模拟分析非常重要，正受到地理信息系统学界越来越多的重视。空间位置、属性及时域特征构成了地理空间分析的三大基本要素。

地理信息是地理数据中包含的意义，是关于地球表面特定位置的信息，是有关地理实体的性质、特征和运动状态的表征和一切有用的知识。作为一种特殊的信息，地理信息除具备一般信息的基本特征外，还具有区域性、空间层次性和动态性特点。

三、GIS 的发展简史

一直以来，几乎人类所有活动都是发生在地球上，都与地理空间位置息息相关。

15 000 年前，在拉斯考克附近的洞穴墙壁上，早期智人画下了他们所捕猎动物的图案。与这些动物图画相关的是一些描述迁移路线和轨迹线条和符号。这些早期记录符合了现代地理资讯系统的二元素结构：一个图形文件对应一个属性数据库。

18 世纪地形图绘制的现代勘测技术得以实现，同时还出现了专题绘图的早期版本，如科学方面或人口普查资料。约翰·斯诺在 1854 年，用点来代表个例，描绘了伦敦的霍乱疫情，这可能是最早使用地理方法的属性特征研究。他对霍乱分布的研究指向了疾病的来源，位于霍乱疫情暴发中心区域百老汇街的一个被污染的公共水泵。最终，约翰·斯诺将泵断开，终止了疫情。

20 世纪初期将图片分成层的"照片石印术"得以发展。它允许地图被分成各图层，例如一个层表示植被和另一层表示水。这技术特别用于印刷轮廓绘制，这是一个劳力集中的任务，但有一个单独的图层意味着他们可以不被其他图层上的工作混淆。当所有的图层完成，再由一个巨型处理摄像机结合成一个图像。彩色印刷引进后，层的概念也被用于创建每种颜色单独的印版。尽管现在层的使用成为当代地理信息系统的主要典型特征之一,但这个摄影过程本身还不被认为是一个地理信息系统,因为这个地图只有图像而没有附加的属性数据库。

20世纪60年代早期,在核武器研究的推动下,计算机硬件的发展导致通用计算机"绘图"的应用。1967年,世界上第一个真正投入应用的地理信息系统由联邦林业和农村发展部在加拿大安大略省的渥太华研发,可参见下文的扩展阅读。

20世纪80年代和90年代产业成长刺激了应用了GIS的UNIX工作站和个人计算机飞速增长。至20世纪末,GIS在各种系统中迅速增长,这使得其在相关的少量平台已经得到了巩固和规范。用户开始提出了在互联网上查看GIS数据的概念,这要求数据的格式和传输标准化。随着技术的日益发展,GIS以及在此基础上发展起来的"数字地球""数字城市"在人们的生产和生活中起着越来越重要的作用。

 **扩展阅读**

> 罗杰·汤姆林森博士开发的加拿大地理信息系统(CGIS)存储,分析和利用加拿大土地统计局(系统使用的1∶50 000比例尺,利用关于土壤、农业、休闲,野生动物、水禽、林业和土地利用的地理信息,以确定加拿大农村的土地能力)收集的数据,并增设了等级分类因素来进行分析。
>
> CGIS是"计算机制图"应用的改进版,它提供了覆盖,资料数字化/扫描功能。它支持一个横跨大陆的国家坐标系统,将线编码为具有真实的嵌入拓扑结构的"弧",并在单独的文件中存储属性和区位信息。由于这一结果,汤姆林森被称为"地理信息系统之父",尤其是因为他在促进收敛地理数据的空间分析中对覆盖的应用。
>
> CGIS一直持续到20世纪70年代才完成,但耗时太长,因此在其发展初期,不能与如Intergraph这样的销售各种商业地图应用软件的供应商竞争。CGIS一直被使用到20世纪90年代,它被开发为基于大型机的系统以支持地域的资源规划和管理,并进行复杂数据分析。CGIS未被应用于商业。微型计算机硬件的发展使得像ESRI和CARIS那样的供应商成功地兼并了大多数的CGIS特征,并加以数据组合的优势,成为时代的选择。

四、GIS的五个组成部分

GIS作为一种管理信息系统,其系统有以下五个组成部分。

(1) 人员,是GIS中最重要的组成部分。开发人员必须定义GIS中被执行的各种任务,开发处理程序。熟练的操作人员通常可以克服GIS软件功能的不足,但是相反的情况就不成立,最好的软件也无法弥补操作人员对 GIS 的一无所知所带来的副作用。

(2) 数据,精确的可用的数据可以影响到查询和分析的结果。

(3) 硬件,硬件的性能影响到软件对数据的处理速度,使用是否方便及可能的输出方式。

(4) 软件,不仅包含 GIS 软件,还包括各种数据库、绘图、统计、影像处理及其他程序。

(5) 过程,GIS 要求明确定义,一致的方法来生成正确的可验证的结果。

五、GIS 的应用形式与商用场景

(一) GIS 的应用形式

1. GIS 软件

地理信息只是一堆数据记录,需要有合适的软件去把它表示出来;与此同时,地理信息数据库的建立,需要软件的帮助,把地理数据信息化。现时在市场主要被 ESRI 及 Mapinfo 所垄断,他们基本能够提供一套完整的地理信息系统,以供客户使用。政府及军事机构会特别定制软件,例如依靠开源的 GRASS 或其他专门的系统,以配合他们的特殊需要。被大众广泛使用的地理信息系统是 Google Earth 和微软的 Virtual Earth 等系统。

2. 互联网与 GIS

由于互联网的普及,很多地理信息系统都提供应用程序编程接口(API),让用户通过这些接口与其系统建立各自的地理信息页面。用户很容易就可以提供卫星图片或地图的连结页面。如谷歌地图和 OpenLayers,它们公开了一个应用程序编程接口,使用户可以创建自定义应用程序。这些工具包通常提供街道地图、航空/卫星图像、地理编码、搜索和路由功能。

3. 移动 GIS

通过与流动装置的结合,地理信息系统可以为用户提供即时的地理信息。一般汽车上的导航装置都是结合了卫星定位设备(GPS)和地理资讯系统(GIS)的复合系统。

汽车导航系统是 GIS 的一个用例,它除了一般的地理信息系统的内容以外,还包括了各条道路的行车及相关信息的数据库。这个数据库利用矢量表示行车的路线、方向、路段等信息,又利用网络拓扑的概念来决定最佳行走路线。地理数据文件(GDF)是为导航系统描述地图数据的 ISO 标准。汽车导航系统组合了地图匹配、GPS 定位等信息来计算车辆的位置。

(二) GIS 的商用场景

1. 银行业

(1) 市场配置规划,检查分支机构地理位置、竞争对手位置和人口特征,以确定值得

扩张的区域或确定市场份额。

（2）ATM机设置，通过使用地址定位、数据库管理和查询工具了解客户、设施和竞争对手的位置来填补市场和服务空白。

（3）世界银行经济统计，对世界银行的原始金融数据进行切片和切块，进行区域发展分析。

（4）银行的并购，通过市场分析分析并寻找获得和建立客户所在位置的机会。

（5）社区金融扶持方案，使用GIS了解空间人口统计数据，在特别关注的低收入和中等收入家庭的地区投放贷款。

2. 商业营运

（1）市场份额分析，使用系统中的位置分配等工具优化设施的位置，以便在存在竞争对手的情况下最大化分配的需求；最近位置寻找，使用基于GPS的定位和地理编码的商业数据解析最近的加油站、餐馆或咖啡店；物业评估，使用人口普查数据评估住宅物业；互联网地理编码，映射和分析用户生成的地理编码数据，以了解互联网用户对特定地点的看法；地理编码业务，用地址列表精确定位餐馆、银行等；白天人口，利用该地区的详细白天人口统计数据，反映谁在该地区工作，而不是住宅人口统计数据，有效地营销产品。

（2）新的营销方案，通过位置信息直接接触客户，振兴销售策略；本地广告，通过社交媒体、本地媒体和移动媒体通过位置进行广告宣传，并提高知名度；地理营销，通过传达复杂的数据来增加销售额，从而提高可信度并增加潜在客户、供应商和媒体的销售额；欲望线，绘制显示为顾客服务的商店的欲望线；重力模型，根据商店的邻近性、竞争和其他因素确定顾客光顾特定商店的可能性。

（3）综合货运网络模型，整合关于运输成本、转移成本、交通量和网络互联属性的高度详细信息在基于GIS的平台中；车队管理，保持路线并解决车队管理的调度问题；行驶时间分析，根据顾客必须开车到商店的时间来确定交易区域，考虑街道限速、交通量和其他阻碍因素。

3. 消费者行为

数据分析，分析基于位置的信息以揭示个人、家庭和社区之间的关系，以及他们生活的环境；霍夫模型，基于霍夫模型计算销售潜力，是一种交互模型，测量每个原产地的消费者光顾新商店而不是其他商店的概率；消费者分析，使用基于位置的年龄、种族、教育、住房等信息优化消费者分析；零售客户细分，按客户原型细分市场以提高营销活动的有效性。购买行为，将天气和位置等不可想象的变量与购买行为相关联，以寻找销售机会；零售店运动，详细说明客户如何在零售店内穿梭路径，分析他们购买、拒绝和查看了什么商品；商店布局，通过研究可支配收入、人口或其他变量来指导新商店的布局，以最好地为人口服务。

GIS 的应用几乎无处不在,越来越多的地理信息服务商提供新颖成熟的产品服务,还有更多的商用场景亟待创新开发。

第四节 全球定位系统

一、什么是全球定位系统

GPS(全球定位系统),是一种以人造地球卫星为基础的高精度无线电导航的定位系统,它在全球任何地方以及近地空间都能够提供准确的地理位置、车行速度及精确的时间信息。

(一) GPS 的特点

GPS 自问世以来,就以其高精度、全天候、全球覆盖、方便灵活吸引了众多用户。GPS 不仅是汽车行驶的重要辅助工具,同时也是物流行业管理的关键设施,随着物流业的快速发展,GPS 有着举足轻重的作用。GPS 的特点主要包括三点。

1. 全球、全天候工作

能为用户提供连续、实时的三维位置,三维速度和精密时间,并且不受天气的影响。

2. 定位精度高

单机定位精度优于 10 米,采用差分定位,精度可达厘米级和毫米级。

3. 功能多、应用广

随着人们对 GPS 认识的加深,GPS 不仅在测量、导航、测速、测时等方面得到更广泛的应用,而且其应用领域不断扩大。

(二) GPS 的发展

在卫星定位系统出现之前,远程导航与定位主要用无线导航系统。

1. 无线电导航系统

多卜勒系统:利用多卜勒频移原理,通过测量其频移得到运动物参数,推算出飞行器位置,属自备式航位推算系统。误差随航程增加而累加。缺点是覆盖的工作区域小,电波传播受大气影响,定位精度不高。

2. 卫星定位系统

最早的卫星定位系统是美国的子午仪系统,1958 年研制,1964 年正式投入使用。由于该系统卫星数目较小(5~6 颗),运行高度较低(平均 1 000 千米),从地面站观测到卫星的时间隔较长(平均 1.5 小时),因而它无法提供连续的实时三维导航,而且精度较低。为满足军事部门和民用部门对连续实时和三维导航的迫切要求。1973 年美国国防部制定了 GPS 计划。到 1994 年 3 月,GPS 全球覆盖率高达 98% 的 24 颗 GPS 卫星星座布设完成。

二、GPS 的构成

（一）空间部分

GPS 的空间部分是由 21 颗工作卫星组成，它位于距地表 20 200 千米的上空，均匀分布在 6 个轨道面上（每个轨道面 4 颗），轨道倾角为 55°。此外，还有 3 颗有源备份卫星在轨运行。卫星的分布使得在全球任何地方、任何时间都可观测到 4 颗以上的卫星，并能在卫星中预存导航信息。GPS 的卫星因为大气摩擦等问题，随着时间的推移，导航精度会逐渐降低。

（二）地面控制系统

地面控制系统由监测站、主控制站、地面天线所组成，主控制站位于美国科罗拉多州斯普林菲尔德。地面控制站负责收集由卫星传回的信息，并计算卫星星历、相对距离、大气校正等数据。

（三）用户设备部分

用户设备部分即 GPS 信号接收机。其主要功能是能够捕获到按一定卫星截止角所选择的待测卫星，并跟踪这些卫星的运行。当接收机捕获到跟踪的卫星信号后，就可测量出接收天线至卫星的伪距离和距离的变化率，解调出卫星轨道参数等数据。根据这些数据，接收机中的微处理计算机就可按定位解算方法进行定位计算，计算出用户所在地理位置的经纬度、高度、速度、时间等信息。接收机硬件和机内软件以及 GPS 数据的后处理软件包构成完整的 GPS 用户设备。

GPS 接收机的结构分为天线单元和接收单元两部分。接收机一般采用机内和机外两种直流电源。设置机内电源的目的在于更换外电源时不中断连续观测。在用机外电源时机内电池自动充电，关机后，机内电池为 RAM 存储器供电，以防止数据丢失。目前各种类型的接收机体积越来越小，重量越来越轻，便于野外观测使用。

三、GPS 在物流领域的应用

（一）货物跟踪

GPS 计算机信息管理系统可以通过 GPS 和计算机网络实时收集全路列车、机车、车辆、集装箱及所运货物的动态信息，实现对陆运、水运货物的跟踪管理。只要知道货车的车型、车号或船舶的编号就可以立即从铁路网或水运网中找到该货车或船舶，知道它们所处的位置，距离运输目的地的里程以及所有装运货物的信息。运用这项技术可以大大提高运营的精确性和透明度，为货主提供高质量的服务。

（二）与 GIS 结合满足物流服务的信息需求

物流包括订单管理、运输、仓储、装卸、送递、报关、退货处理、信息服务及增值业务。

全过程控制是物流管理的核心问题。供应商必须全面、准确、动态地把握散布在全国各个中转仓库、经销商、零售以及汽车、火车、飞机、轮船等各种运输环节之中的产品流动状况,并据此制订生产和销售计划,及时调整市场策略。

因此,对大型供应商而言,没有全过程的物流管理就谈不上建立有效的分销网络;对于大型连锁零售商而言,没有全过程的物流管理就谈不上建立供应配送体系;对于第三方物流服务商、仓储物流中心,没有面向全过程的物流管理服务就很难争取到客户的物流业务;对于普通用户而言,没有快速、准确、安全、可靠的物流配送服务,网上采购几乎是不可想象的。

物流配送的过程主要是货物的空间位置转移的过程,在物流配送过程中,要涉及货物的运输、仓储、装卸、送达等业务环节,对各个环节涉及的问题如运输路线的选择、仓库位置的选择、仓库容量设置、合理装卸策略、运输车辆调度和投递路线选择等进行有效管理和决策分析,有助于物流配送企业有效地利用现有资源、降低消耗、提高效率。事实上,仔细分析上述各个环节存在的问题就可以发现,上面的问题都涉及地理要素和地理分布。凡是涉及地理分布的领域都可以应用 GIS 技术,GPS 和 GIS 技术是全过程物流管理中不可缺少的组成部分。

目前,除了美国的全球定位系统(GPS),全球卫星导航系统国际委员会公布的全球 4 大卫星导航系统供应商,还包括中国的北斗卫星导航系统(BDS)、俄罗斯的格洛纳斯卫星导航系统(GLONASS)和欧盟的伽利略卫星导航系统(GALILEO)。BDS 是中国自主建设运行的全球卫星导航系统,为全球用户提供全天候、全天时、高精度的定位、导航和授时服务。

本 章 小 结

EDI 是指按照同一规定的一套通用标准格式,将标准的经济信息通过通信网络传输,在贸易伙伴的电子计算机系统之间进行数据交换和自动处理。EDI 是将贸易、运输、保险、银行和海关等行业的信息,用一种国际公认的标准格式,通过计算机通信网络,使各有关部门、公司与企业之间进行数据交换与处理,并完成以贸易为中心的全部业务过程。

RFID 是自动识别技术的一种,通过无线射频方式进行非接触双向数据通信,利用无线射频方式对记录媒体(电子标签或射频卡)进行读写,从而达到识别目标和数据交换的目的。RFID 技术的理论和应用发展快速,电子标签的应用场景非常丰富。

GIS 是一种空间信息系统。它是在计算机硬件、软件系统支持下,对整个或部分地球表层（包括大气层）空间中的有关地理分布数据进行采集、储存、管理、运算、分析、显示和描述的技术系统。由于其在空间信息管理和分析方面的独特优势，在众多领域得到广泛应用。

GPS 是一种以人造地球卫星为基础的高精度无线电导航的定位系统，它在全球任何地方以及近地空间都能够提供准确的地理位置、车行速度及精确的时间信息。GPS 以其高精度、全天候、全球覆盖、方便灵活吸引了众多用户，尤其在物流业的快速发展中有着举足轻重的作用。

 课后案例

菜鸟携手国际航协推进技术融合应用

货物状态实时更新，数据冗余和重复录入大幅减少，所有物流参与方互联互通，上下游协同合作能力有效提升。新技术的应用，正在使国际航空货运发生新变化。

国际航空运输协会（IATA，简称"国际航协"）组织召开第四届国际航协北亚区货运日会议。围绕进一步推动航空物流行业数智化发展的主题，菜鸟全球枢纽运营高级总监虞思骢与来自航空以及物流与产业链领域的 200 余位代表共同探讨了国际航协货运数字化路线图计划，并介绍了国际航协最新行业数据交换标准（简称"ONE Record"）和菜鸟新一代精准射频识别技术 RFID 的融合应用情况。

ONE Record 是国际航协发起的航空货运领域新的数字解决方案，旨在建立一个端到端的航空物流数字供应链，使航空货运行业各相关方均可以轻松透明地交互数据。菜鸟自主研发的新一代精准射频识别技术 RFID，"让货物主动说话"，实现了对货物的位置和状态信息的全流程跟踪和管理，打破了传统航空货运信息黑洞，让国际航空货物的状态可以像快递一样实现"可查、可视、可知"。在 ONE Record 的试验证中融合 RFID，可以进一步提升货运的全流程可视化和透明度，对航空物流的数智化发展具有重要参考意义。

Thomas Yu 在会上介绍，菜鸟积极响应国际航协关于 ONE Record 的验证性运行，并已携手杭州萧山国际机场航空物流有限公司、中外运跨境电商物流有限公司、翌飞锐特电子商务（北京）有限公司等合作伙伴展开试点。此次 ONE Record 的验证性运行，首次在国内（杭州机场）和海外（比利时列日 eHub）航线的两端同步开展，并且首次创新性地融合应用 RFID 技术，通过自动、实时地向 ONE Record 推送 4 个运输节点的货物状态，使数据间的交互不再依托传统的电话、邮件，实现物联网数据与行业数据的信息交互，具有重要开创意义。

"通过这次杭州-列日航线两端的同步试点,实现了货运双向的全链路数据追踪,为 ONE Record 试验证提供了极其宝贵的经验",Thomas Yu 介绍说。

近年来,菜鸟地网旗下航空地服板块积极开展与行业的交流合作,助推产业数智化转型升级,并获多方好评。此次 ONE Record 与 RFID 国内外同步融合试点不仅得到与会代表的关注与认可,还在不久前入选了中国(浙江)自由贸易试验区新一批"十大进展"项目。浙江自贸试验区也曾发文指出,ONE Record 将带来加大数据质量和全链条监控自主权、实现全流程可视化和透明度、促进所有物流参与方之间互联互通以及加速货运数字化发展等利好。

此外,列日 eHub 也将获得国际航协 ONE Record 适用机场认证,从而进一步夯实数字化发展基础,为合作伙伴提供全球协同合作的智能化数字服务。稍早前,民航局印发《海外货站建设运营指南》,菜鸟地网旗下航空地服板块凭借着丰富的全球 eHub 运营服务经验参与制定,菜鸟 eHub 入选《指南》标杆案例(见图 5-3)。

图 5-3 菜鸟 eHub

(资料来源:https://www.dsb.cn/news-flash/104615.html)

 扩展阅读

好服务 解决海外客户燃眉之急

菜鸟吉隆坡 eHub 紧邻吉隆坡国际机场旁,由菜鸟自主运营,经过两年的发展,已形成了完整的航空货运生态体系。以 Kargo Xpress、GTR、Ceva for Errison 等为

代表的航空公司、货站运营、3PL 供应以及物流运输公司等已纷纷入驻;通过与马来西亚海关深度合作,在 eHub 内设置了海关办公室和运营团队,清关从 24~48 小时缩短至 1.5 小时,99.9% 的线上申报包裹获得秒级通关。

这次点赞菜鸟服务的谢琳燕窝,是马来西亚国家关键经济指标入选公司,主要生产和加工燕窝,在广州设有分公司,年均向我国出口燕窝超过 11 吨。受疫情影响,其原有的航空运输渠道受到了严重冲击。春节临近,空运出口一时成为困扰他们的难题。

菜鸟吉隆坡 eHub 工作人员在得知谢琳燕窝遇到的困难后,主动协调资源,利用业务渠道帮助其联系航空公司,洽商航线航班,锁定舱位运力;同时,依托吉隆坡 eHub 完善的设施和数智化设备,以及便利的通关优势,提高现场操作效率,缩短信息流转时间,极大地提高了通关时效性。在菜鸟吉隆坡 eHub 帮助下,谢琳燕窝近期累计向中国大陆地区出口燕窝及相关制品等高价值年货超过 6 吨,销往北京、杭州、南京等多个国内城市。

数智化　解锁好服务关键密码

随着春节越来越近,跨境年货包裹猛增,加上疫情等不确定因素,都在考验着航空枢纽的服务能力。菜鸟 eHub 不断提升数智化服务水平,全面保障跨境货物流转。

菜鸟自研航空枢纽服务平台,采用无纸化协同作业,通过全景式管理和运营流程监控以及高效的保障资源调配,大大提升货物的处理效率和安全性;菜鸟研发 LEMO、天眼、数字空间、RFID 等科技产品,解决货物丢失破损无法溯源、人员操作差错多和效率低的问题;通过 AGV 等自动化技术,解决用工成本高、人员培养周期长、场地利用率低等问题;通过智慧安检,大幅降低安检工作强度,显著提升安检物流效率。

一系列的数字化技术显著提升了 eHub 在安全、效率、运能、降本等多方面的综合保障能力,特别是在双 11、春节等关键时期,体现得尤为明显。以菜鸟列日 eHub 为例,仅 2022 年 11 月期间,就保障航班 239 架次,同比增长近 100%;处理货邮 1.2 万吨,同比增长超过 100%。菜鸟列日 eHub 通过数智化服务升级,已实现:一线班组,综合货物周处理量达 350 吨/人/月,较当地货站平均人效提升 25%;货物平均可提取时间由 9 小时减少至 6.7 小时;工单 100% 被 PDA 电子工单替代,年节约纸张 9 万多张;可对外提供的货站内物流运输节点由 4 个增至 10 个,为构筑国货出海欧洲大通道持续提供有力保障。

(资料来源:https://zhuanlan.zhihu.com/p/596449827?utm_id=0)

思考题

1. ONE Record 和菜鸟新一代精准射频识别技术 RFID 的融合应用,对跨境电商发展有何重要意义?
2. 如何理解"ONE Record 将带来加大数据质量和全链条监控自主权、实现全流程可视化和透明度、促进所有物流参与方之间互联互通以及加速货运数字化发展等利好"这句话?

 课后调研

◇ 调研联邦快递信息技术应用情况,分析其优势。
◇ 访问宁波港 EDI 站点(https://www.npedi.com),调研其服务内容,并指出有待改善之处。
◇ 安装 Google Earth,了解其免费、收费功能,并请评价其功能的商业价值。

第六章 进阶的科技生态

 引入阅读

微软亚马逊等巨头与交易所结盟　瞄准云计算市场

大型科技公司正在瞄准资本市场的客户。2022年12月,微软宣布与伦敦证券交易所集团(LSEG)建立合作关系,这是在一年多时间内形成的第三个这样的联盟。

2021年11月,谷歌投资10亿美元,与芝加哥商品交易所签订了一份为期10年的云计算服务协议。同月,亚马逊AWS与纳斯达克达成合作。纳斯达克完成了将旗下一家美国期权交易所迁移到AWS云计算平台的项目。

对交易所来说,与科技巨头合作的优势显而易见。LSEG首席执行官大卫·施维默(David Schwimmer)表示:"我们将共同开发产品,携手走向市场。这主要是关于我们的数据和分析能力。"

微软将帮助LSEG将基础设施迁移到微软的云计算平台上,使其获得更强的数据处理能力,从而更快、更灵活地利用数据。

LSEG的数据和分析业务是该公司的一大支柱,2022年上半年创造了24亿英镑的收入,服务的客户包括基金经理、分析师、交易员和投资银行家。他们利用这些数据来做决策。LSEG目前拥有占全球资本市场总市值99%的公司数据,以及165个国家的物价和经济数据。

LSEG的一家主要投资方表示:"微软有强大的人工智能和算法,LSEG有独特的数据,他们拥有基础设施去运营和开发产品。因此,我们有理由认为这将推动营收的增长。"

微软和LSEG希望将微软Teams即时通信系统与LSEG的数据分析相结合,去开发新的、统一的聊天和数据平台。

传统的金融终端机的销售将逐步下降,因为人工交易员将越来越少。未来的战

斗是通过云计算平台进行"数据输送",将数据导入进行交易的计算机程序,以及银行自己开发的定制化系统。

在这方面,微软有着自20世纪80年来就建立的产品优势:Excel电子表格。通过将LSEG的财务数据整合到Excel表格中,双方计划使用算法来帮助分析师,在微软Office内创建统一的财务模型、图表和演示文稿。

Autonomy Research分析师伊恩·怀特(Ian White)表示:"这是一套雄心勃勃的方案","将带来一种更具竞争力、整合程度更好的技术产品,解决一些笨拙的问题"。

那么,这对科技公司又有什么帮助?首先是财务收益。微软预计,这项为期10年的合作可以带来50亿美元收入,而LSEG承诺的支出为至少28亿美元。微软还将收购LSEG的4%股份,并获得一个董事会席位。

这些云计算公司还认为,与交易所建立密切合作有助于确保与数千家相关金融公司之间的业务。例如,纳斯达克有许多基础设施客户依靠纳斯达克平台进行交易和清结算,这意味着它们也将必须随纳斯达克一起转向AWS。

AWS负责全球金融服务行业业务的董事总经理斯科特·穆林斯(Scott Mullins)表示:"我们将有机会建立新的合作关系。我们的基础设施还没有进入一些市场,因此我们将迎来扩张的机会。"

Market Structure Partners的比蒂说:"云计算提供商肯定希望更多地了解金融市场。它们可以设定客户在平台上的最低支出,从而保证未来的收入。对微软来说,在竞争对手已经拿到一些东西的情况下,达成这样的交易可能是至关重要的。"

分析师表示,这些合作关系并不排他,以避免被监管机构盯上。预计各国监管机构将密切关注,科技巨头在全球资本市场上的发展,尤其考虑到目前全球少数几家公司控制着云计算市场的绝大部分。数据显示,2022年第三季度,亚马逊、微软和谷歌云在全球的市场份额合计为66%。

国际清算银行(BIS)2022年7月份曾发出警示,称金融机构越来越依赖少数几家大型科技公司提供的云计算软件,这可能会"对金融行业造成系统性影响"。

咨询公司Forrester Research分析师李·苏斯塔尔(Lee Sustar)表示:"云计算改变了对战略供应商的看法。当云计算平台成为你所有IT系统的载体时,这本质上就带来了一种不同性质的挑战。"

(资料来源:https://finance.sina.com.cn/tech/it/2022-12-19/doc-imxxeieh3905397.shtml)

第一节 云 计 算

一、云计算概念

云计算(Cloud Computing)是通过网络提供可伸缩的、廉价的分布式计算能力的一种技术。用户只需要在具备网络接入条件的地方,就可以随时随地获得所需的虚拟化资源,如网络、服务器、存储、应用软件、服务等。

(一) 云计算的由来

随着信息技术在企业运营管理中的作用不断提升,每家公司都需要做各种数据信息化,存储相关的运营数据,进行产品管理、人员管理、财务管理等,而进行这些数据管理的基本设备就是计算机。

对于一家企业来说,一台计算机的运算能力是远远无法满足数据运算需求的,那么公司就要购置一台运算能力更强的计算机,也就是服务器。而对于规模比较大的企业来说,一台服务器的运算能力显然还是不够的,那就需要企业购置多台服务器,甚至演变成为一个具有多台服务器的数据中心,而且服务器的数量会直接影响这个数据中心的业务处理能力。除了高额的初期建设成本之外,计算机的运营支出中花费在电费上的金钱要比投资成本高得多,再加上计算机和网络的维护支出,这些总的费用是中小型企业难以承担的,于是云计算的概念便应运而生了。

"云"实质上就是一个网络,狭义上讲,云计算就是一种提供资源的网络,使用者可以随时获取"云"上的资源,按需求量使用,并且可以看成是无限扩展的,只要按使用量付费就可以,"云"就像自来水厂一样,我们可以随时接水,并且不限量,按照自己家的用水量,付费给自来水厂就可以。

从广义上说,云计算是与信息技术、软件、互联网相关的一种服务,这种计算资源共享池叫作"云",云计算把许多计算资源集合起来,通过软件实现自动化管理,只需要很少的人参与,就能让资源被快速提供。也就是说,计算能力作为一种商品,可以在互联网上流通,就像水、电、煤气一样,可以方便地取用,且价格较为低廉。

云计算不是一种全新的网络技术,而是一种全新的网络应用概念,云计算的核心概念就是以互联网为中心,在网站上提供快速且安全的云计算服务与数据存储,让每一个使用互联网的人都可以使用网络上的庞大计算资源与数据中心。

云计算是继互联网、计算机后在信息时代又一种新的革新,云计算是信息时代的一个大飞跃。概括来说,云计算的基本含义是云计算具有很强的扩展性和需要性,可以为用户提供一种全新的体验,云计算的核心是可以将很多的计算机资源协调在一起,因此,使用户通过网络就可以获取到无限的资源，同时获取的资源不受时间和空间的限制。云计算指通过计算机网络形成的计算能力极强的系统，可存储、集合相关资源并可按需配置，向用户提供个性化服务。

（二）云计算的特点

云计算的可贵之处在于高灵活性、可扩展性和高性比等，与传统的网络应用模式相比，其具有如下优势与特点。

1. 虚拟化技术

必须强调的是，虚拟化突破了时间、空间的界限，是云计算最为显著的特点，虚拟化技术包括应用虚拟和资源虚拟两种。众所周知，物理平台与应用部署的环境在空间上是没有任何联系的，正是通过虚拟平台对相应终端操作完成数据备份、迁移和扩展等。

2. 动态可扩展

云计算具有高效的运算能力，在原有服务器基础上增加云计算功能能够使计算速度迅速提高，最终实现动态扩展虚拟化的层次达到对应用进行扩展的目的。

3. 按需部署

计算机包含了许多应用、程序软件等，不同的应用对应的数据资源库不同，所以用户运行不同的应用需要较强的计算能力对资源进行部署，而云计算平台能够根据用户的需求快速配备计算能力及资源。

4. 灵活性高

目前市场上大多数IT资源、软件、硬件都支持虚拟化，比如存储网络、操作系统和开发软件、硬件等。虚拟化要素统一放在云系统资源虚拟池当中进行管理，可见云计算的兼容性非常强，不仅可以兼容低配置机器、不同厂商的硬件产品，还能够外设获得更高性能计算。

5. 可靠性高

倘若服务器故障也不影响计算与应用的正常运行。因为单点服务器出现故障可以通过虚拟化技术将分布在不同物理服务器上面的应用进行恢复或利用动态扩展功能部署新的服务器进行计算。

6. 性价比高

将资源放在虚拟资源池中统一管理在一定程度上优化了物理资源，用户不再需要昂贵、存储空间大的主机，可以选择相对廉价的PC组成云，一方面减少费用，另一方面计算性能不逊于大型主机。

7. 可扩展性

用户可以利用应用软件的快速部署条件来更为简单快捷地将自身所需的已有业务以及新业务进行扩展。

二、云计算的服务类型

通常,云计算的服务类型分为三类,即基础设施即服务(IaaS)、平台即服务(PaaS)和软件即服务(SaaS)。这三种云计算服务有时称为云计算堆栈,因为它们构建堆栈,它们位于彼此之上,如图6-1所示。

(一)基础设施即服务

基础设施即服务是主要的服务类别之一,它向云计算提供商的个人或组织提供虚拟化计算资源,如虚拟机、存储、网络和操作系统。普通网络托管是IaaS的一个简单示例:用户支付每月订阅费或每兆字节/千兆字节的费用,让托管公司从其服务器为用户网站提供文件。

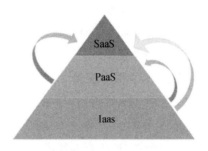

图6-1 三种云计算服务

(二)平台即服务

平台即服务是一种服务类别,为开发人员提供通过全球互联网构建应用程序和服务的平台。PaaS为开发、测试和管理软件应用程序提供按需开发环境。例如,用户开发自己的电子商务网站,需要获得完整的支持功能,包括商家服务器上提供的购物车、结账和支付机制等。App Cloud和Google App Engine就是PaaS级服务。

(三)软件即服务

软件即服务也是其服务的一类,通过互联网提供按需软件付费应用程序,云计算提供商托管和管理软件应用程序,并允许其用户连接到应用程序并通过全球互联网访问应用程序。比如Zoho就是一家知名的SaaS提供商,在线提供各种办公应用程序。

三、云计算的应用

(一)行业应用

1. 金融云

金融云利用云计算的模型构成原理,将金融产品、信息、服务分散到庞大分支机构所构成的云网络当中,提高金融机构迅速发现并解决问题的能力,提升整体工作效率,改善流程,降低运营成本。应用案例可见本章引入阅读。国内早在2013年,阿里云就整合阿里巴巴旗下资源并推出阿里金融云服务,这就是现在基本普及了的快捷支付,因为金融与云计算的结合,只需要在手机上简单操作,就可以完成银行存款、购买保险和基金买卖。

2. 制造云

制造云是云计算向制造业信息化领域延伸与发展后的落地与实现,用户通过网络和终端就能随时按需获取制造资源与能力服务,进而智慧地完成其制造全生命周期的各类活动。例如,用友制造云是用友公司打造的制造领域云产品,提供产品研发管理、生产制造、智能工厂、智能物流等管控一体化方案和产品,帮助制造企业提质增效,并连接商业网络,支持制造企业面向数智化管理、网络化协同实现数智化转型。

3. 云存储

云存储是指通过集群应用、网格技术或分布式文件系统等功能,将网络中大量各种不同类型的存储设备通过应用软件集合起来协同工作,共同对外提供数据存储和业务访问功能的一个系统。

(二) 公共服务应用

1. 教育云

教育云是"云计算技术"的迁移在教育领域中的应用,包括了教育信息化所需的一切硬件计算资源,这些资源经虚拟化之后,向教育机构、从业人员和学习者提供一个良好的云服务平台。大家熟悉的慕课 MOOC,一种大规模开放的在线课程,就是教育云的一种应用。

2. 医疗云

医疗云是指在医疗卫生领域采用云计算、物联网、大数据、移动技术以及多媒体等新技术基础上,结合医疗技术,使用"云计算"的理念来构建医疗健康服务云平台。现在医院的预约挂号、电子病历、医保等都是云计算与医疗领域结合的产物。

3. 云交通

云交通是指在云计算之中整合现有资源,并能够针对未来的交通行业发展整合将来所需求的各种硬件、软件、数据。

(三) 工作娱乐中的应用

1. 云会议

云会议是基于云计算技术的一种高效、便捷、低成本的会议形式。使用者只需要通过互联网界面,进行简单易用的操作,便可快速高效地与全球各地团队及客户同步分享语音、数据文件及视频。

2. 云社交

云社交是一种物联网、云计算和移动互联网交互应用的虚拟社交应用模式,以建立著名的"资源分享关系图谱"为目的,进而开展网络社交。

3. 云游戏

云游戏是以云计算为基础的游戏方式,在云游戏的运行模式下,所有游戏都在服务器端运行,并将渲染完毕后的游戏画面压缩后通过网络传送给用户。

第二节 物联网

一、什么是物联网

物联网（IoT）即"万物相连的互联网"，是互联网基础上的延伸和扩展的网络，将各种信息传感设备与网络结合起来而形成的一个巨大网络，实现任何时间、任何地点，人、机、物的互联互通。

物联网是新一代信息技术的重要组成部分，意指物物相连，万物万联。由此，"物联网就是物物相连的互联网"。这有两层意思：第一，物联网的核心和基础仍然是互联网，是在互联网基础上的延伸和扩展的网络；第二，其用户端延伸和扩展到了任何物品与物品之间，进行信息交换和通信。因此，物联网的定义是通过射频识别、红外感应器、全球定位系统、激光扫描器等信息传感设备，按约定的协议，把任何物品与互联网相连接，进行信息交换和通信，以实现对物品的智能化识别、定位、跟踪、监控和管理的一种网络。

1995 年比尔盖茨在《未来之路》一书中，首次提及物联网。1999 年，美国 Auto-ID 首先提出"物联网"的概念，主要是建立在物品编码、RFID 技术和互联网的基础上。2005 年 11 月，国际电信联盟（ITU）发布了《ITU 互联网报告 2005：物联网》，正式提出了"物联网"的概念。报告指出，无所不在的"物联网"通信时代即将来临，世界上所有的物体从轮胎到牙刷、从房屋到纸巾都可以通过互联网主动进行数据交换。

2021 年 7 月 13 日，中国互联网协会发布了《中国互联网发展报告（2021）》，物联网市场规模达 1.7 万亿元，人工智能市场规模达 3 031 亿元。

2021 年 9 月，工信部等八部门印发《物联网新型基础设施建设三年行动计划（2021—2023 年）》，明确到 2023 年底，在国内主要城市初步建成物联网新型基础设施，社会现代化治理、产业数字化转型和民生消费升级的基础更加稳固。

二、物联网架构

物联网的基本特征从通信对象和过程来看，物与物、人与物之间的信息交互是物联网的核心。物联网的基本架构可概括为整体感知（感知层）、可靠传输（网络层）和智能处理（应用层），如图 6-2 所示。

（一）整体感知

可以利用射频识别、二维码、智能传感器等感知设备感知获取物体的各类信息。

（二）可靠传输

通过对互联网、无线网络的融合，将物体的信息实时、准确地传送，以便信息交流、分享。

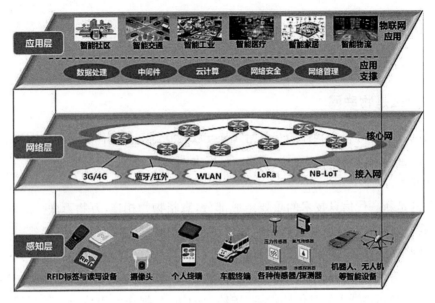

图 6-2 物联网架构

（三）智能处理

使用各种智能技术，对感知和传送到的数据、信息进行分析处理，实现监测与控制的智能化。物联网处理信息的功能主要有以下四种。

(1) 获取信息的功能：主要是信息的感知、识别。

(2) 传送信息的功能：主要是信息发送、传输、接收等环节，就是常说的通信过程。

(3) 处理信息的功能：是指信息的加工过程，利用已有的信息或感知的信息产生新的信息，实际是制定决策的过程。

(4) 施效信息的功能：指信息最终发挥效用的过程。比如，通过调节对象事物的状态，使其处于预先设计的状态。

三、物联网的关键技术

（一）RFID

RFID 技术让物品能够"开口说话"。这就赋予了物联网一个特性即可跟踪性。据 Sanford C. Bernstein 公司的零售业分析师估计，关于物联网 RFID 带来的这一特性，可使沃尔玛每年节省 83.5 亿美元，其中既包括节省了人工扫入进货码的劳动力成本，也包括对商品断货和损耗有效监控带来的成本下降。

（二）传感网

微机电系统有属于自己的数据传输通路、存储功能、操作系统和专门的应用程序，从而形成一个庞大的传感网。这让物联网能够通过物品来实现监控与保护。遇到酒后驾车的情况,如果在汽车和汽车点火钥匙上都植入微型感应器,那么当喝了酒的司机掏出汽车钥匙时,钥匙能透过气味感应器察觉到一股酒气,就通过无线信号立即通知汽车"暂停发动",汽车便会处于无法启动状态。未来衣服可以"告诉"洗衣机放多少水和洗衣粉最经济;文件夹会"检查"忘带了什么重要文件。

(三) M2M 系统框架

M2M 是 Machine-to-Machine/Man 的简称,是一种以机器终端智能交互为核心的、网络化的应用与服务。它将使对象实现智能化的控制。老人戴上嵌入智能传感器的手表,在外地的子女可以随时通过手机查询父母的血压、心跳是否正常;智能化的住宅在主人上班时,传感器自动关闭水电气和门窗,定时向主人的手机发送消息,汇报安全情况。

(四) 云计算

物联网感知层获取大量数据信息,在经过网络层传输以后,放到一个标准云平台上,再利用高性能的云计算对其进行处理,赋予这些数据智能,才能最终转换成对终端用户有用的信息。

四、物联网的应用

物联网的应用领域涉及方方面面,在工业、农业、环境、交通、物流、安保等基础设施领域的应用,有效地推动了这些方面的智能化发展,使得有限的资源更加合理地使用分配,从而提高了行业效率、效益。

现阶段的主要应用包括智能家居、智能穿戴、智能交通、智能医疗和智慧城市等。今天的物联网,已经每时每刻充斥在我们的生活中,国内比较成功的物联网在个人生活中的应用有畜牧业管理、物流管理、列车车厢管理、第二代身份证、大专院校的学生证、市政交通一卡通、不停车收费系统等。

第三节 大 数 据

一、什么是大数据

大数据(Big Data)指的是所涉及的数据量规模巨大到无法透过主流软件工具,在合理时间内达到捕获、管理、处理、并整理成为有助于决策的数据集合。大数据依然是数据,但是有一个特点,量很大,并且还随着时间以指数速度在增长。简单来说,大数据就是数据量很大、很复杂的数据集,不能使用传统的数据管理工具来有效的存储和处理。

维克托·迈尔-舍恩伯格及肯尼斯·库克耶在《大数据时代》一书中指出大数据是不用随机抽样分析法这样捷径的,而是所有数据参与分析处理。对于大数据,Gartner 机构给出了这样的定义,大数据是需要新处理模式才能具有更强的决策力、洞察发现力和流程优化能力来适应海量、高增长率和多样化的信息资产。

互联网数据中心(IDC)发布的《数据时代 2025》报告显示,全球每年产生的数据将增长到 175 ZB,相当于每天产生 491 EB 的数据。那么 175 ZB 的数据到底有多大呢? 1 ZB 相当于 1.1 万亿 GB,如果平均网速为 25 Mb/秒(200 M 宽带),要下载完这 175 ZB 的数据,需要 18 亿年。数据的来源五花八门,比如,智能手机让人们的社交生活彻底数字化,每天在社交网络上花费的时间越来越多,产生的数据量也相应地不断增长。据 Facebook 统计,Facebook 每天产生 4 PB 的数据,包含 100 亿条消息,以及 3.5 亿张照片和 1 亿小时的视频浏览。此外,在 Instagram 上,用户每天要分享 9 500 万张照片和视频;Twitter 用户每天要发送 5 亿条信息。这些海量数据里蕴藏着无限商机,这就是大数据的魅力。

二、大数据的特点和认知

(一) 大数据的 4V 特点

(1) Volume(数据量),这是大数据的首要特点,数据是否能称为大数据,最关键的因素就是数据量。

(2) Variety(多样化),由于大数据的来源多种多样,因此多样化也是大数据的一个特点,数据格式可以是结构化、非结构化、和半结构化的。数据内容可以是电子邮件、照片、视频、文件、音频、传感数据等。其中关系数据库数据是结构化的,而音频、视频、图像和文档等一般为非结构化数据,这是大数据的重要部分。

(3) Velocity(速度),表示数据产生的速度,数据生成到速度越来越快,对后续处理的要求和使用的时效性期待也越来越高,因此速度也是大数据的一个特点。

(4) Veracity(数据的真实性),这是大数据一个扩展的特点,表示数据的质量和价值。大数据已成为一种资本,各个大型技术公司无不基于大数据工作原理,在各种大数据用例中通过持续分析数据提高运营效率,促进新产品研发,他们所创造的大部分价值无不来自他们掌握的数据。

大数据开始常称 Volume、Variety、Velocity 三个特点,号称 3V 特性,后面又扩展出了 Veracity 这个特点。大数据的特点并不只是大。

(二) 大数据的认知

想要系统地认知大数据,可从三个层面来展开。

1. 理论

理论是认知的必经途径,也是被广泛认同和传播的基线。认识大数据的资产价值,洞悉大数据的发展趋势,重视大数据的隐私保护意义。

2. 技术

技术是大数据价值体现的手段和基石。云计算、分布式处理技术、存储技术和感知技术的发展使得大数据从采集、处理、存储到形成结果的整个过程有了技术支撑。众多前沿技术突破令数据存储和计算成本呈指数级下降。相比过去，企业能够以更低的经济投入更轻松地存储更多数据，而凭借经济、易于访问的海量大数据，可以轻松做出更准确、更精准的业务决策。

3. 实践

实践是大数据的最终价值体现。面对丰富的互联网大数据、政府大数据、企业大数据和个人大数据，开展富有洞察力的分析，在大数据用例中有针对性地提出有效问题、识别数据模式、提出合理假设并准确开展行为预测，做出科学决策。

三、大数据处理流程

大数据包括结构化、半结构化和非结构化数据，非结构化数据越来越成为数据的主要部分。IDC 的调查报告显示：企业中 80% 的数据都是非结构化数据，这些数据每年都按指数增长 60%。

在以云计算、物联网为代表的技术创新下，越来越多的设备接入了互联网，收集了大量的终端使用模式和产品性能等数据，同时，机器学习的出现也进一步加速了数据规模的增长。这些原本看起来很难收集和使用的数据开始容易被利用起来了，通过各行各业的不断创新，大数据会逐步创造更多的价值。

大数据技术，就是从各种类型的数据中快速获得有价值信息的技术。大数据处理方法有很多，一般来说，大数据处理流程包括大数据采集及预处理、大数据存储及管理、大数据分析及挖掘、大数据展现四个步骤。

（一）大数据采集及预处理

大数据采集，就是从大量数据中采集出有用的信息，为大数据分析打下基础，是整个大数据分析中非常重要的环节。采集端把来自很多数据库的海量数据导入到一个集中的大数据库中，在导入的过程中依据数据特征对其进行清洗、筛选，这就是大数据的导入和预处理。

（二）大数据存储及管理

大数据存储与管理要用存储器把采集到的数据存储起来，建立相应的数据库，并进行管理和调用，主要解决大数据的可存储、可表示、可处理、可靠性及有效传输等几个关键问题。

（三）大数据分析及挖掘

大数据分析是对已经导入的海量数据依据其本身特征进行分析并对其进行分类汇总，以满足大多数常见的分析需求。在分析过程中需要用到大数据分析工具，比如数据挖掘，它涉及的技术方法有很多，只有运用准确的方法，才能从大数据中得到有价值的结果。

（四）大数据展现

大数据技术能够将隐藏于海量数据中的信息和知识挖掘出来，为人们的社会经济活动提供依据，从而提高各个领域的运行效率。大数据展现方式包括各类图示（如散点图、箱线图、直方图）和文字展示等。

四、大数据的应用场景

大数据已经表现出它广泛的用途。对于互联网领域的大数据，某些数据分析公司能够精准地分析数据，告诉广告商什么是正确的时间，谁是正确的用户，什么是应该发表的正确内容，因此备受广告商青睐；Facebook 数据分析师杰弗逊的工作就是搭建数据分析模型，弄清楚用户点击广告的动机和方式，以助力广告投放效果；每天，海量的交易和数据在阿里的平台上跑着，阿里通过对商户最近 100 天的数据分析，就能知道哪些商户可能存在资金问题，此时的阿里贷款平台就有可能出击，同潜在的贷款对象进行沟通。

社交媒体监测平台 DataSift 监测了 Facebook IPO 当天 Twitter 上的情感倾向与 Facebook 股价波动的关联。在 Facebook 开盘前 Twitter 上的情感逐渐转向负面，25 分钟之后 Facebook 的股价便开始下跌。而当 Twitter 上的情感转向正面时，Facebook 股价在 8 分钟之后也开始了回弹。最终当股市接近收盘、Twitter 上的情感转向负面时，10 分钟后 Facebook 的股价又开始下跌。最终的结论是：Twitter 上每一次情感倾向的转向都会影响 Facebook 股价的波动。有投资人利用这一关联性进行投资，获得很好收益。

不仅在商业方面，大数据在社会运行方面都很有作为，比如智能制造、智能电网、智慧交通、智慧医疗、智慧环保、智慧城市等的兴起，都与大数据技术与应用息息相关。

大数据的巨大价值正渐渐被人们发现，它通过技术的创新与发展，以及数据的全面感知、收集、分析、共享，为人们提供了一种全新的认识世界的方法。从而可以更多地基于事实数据做出决策，这将推动整个社会更科学理性化运行。

第四节 人 工 智 能

一、什么是人工智能

人工智能（AI），是研究、开发用于模拟、延伸和扩展人的智能的理论、方法、技术及应用系统的一门新的技术科学。

人工智能是计算机科学的一个分支，它企图了解智能的实质，并生产出一种新的能以人类智能相似的方式做出反应的智能机器，该领域的研究包括机器人、语言识别、图像识别、自然语言处理和专家系统等。人工智能可以对人的意识、思维的信息过程的模拟。人工智能不是人的智能,但能像人那样思考、也可能超过人的智能。

人工智能内涵丰富,包括计算机知识、心理学和哲学等多学科交叉。人工智能由不同的科学领域组成,如机器学习、计算机视觉等。人工智能研究的一个主要目标是使机器能够胜任一些通常需要人类智能才能完成的复杂工作。

简单来说,人工智能是指可模仿人类智能来执行任务,并基于收集的信息对自身进行迭代式改进的系统和机器。人工智能具有多种形式。例如,聊天机器人使用人工智能更快速高效地理解客户问题并提供更有效的回答;智能助手使用人工智能来解析大型自由文本数据集中的关键信息,从而改善调度;推荐引擎可以根据用户的观看习惯自动推荐电视节目。

人工智能更多的是一种为超级思考和数据分析而服务的过程和能力,而不是一种格式或功能。人工智能的初衷并不是要取代人类,而是大幅增强人的能力和贡献。

二、人工智能术语

(一) 机器学习

机器学习是一门多领域交叉学科,涉及统计学、系统辨识、逼近理论、神经网络、优化理论、计算机科学、脑科学等诸多领域。机器学习主要研究计算机怎样模拟或实现人类的学习行为,以获取新的知识或技能,重新组织已有的知识结构,使之不断改善自身的性能。

(二) 深度学习

深度学习是机器学习研究中的一个新的领域,其动机在于建立、模拟人脑进行分析学习的神经网络,它模仿人脑的机制来解释图像、声音和文本等数据。

(三) 人机交互

人机交互研究的主要是人和计算机之间的信息交换。人机交互与认知心理学、人机工程学、多媒体技术、虚拟现实技术等密切相关。人机交互技术除了传统的基本交互和图形交互外,还包括语音交互、情感交互、体感交互及脑机交互等技术。

(四) 自然语言处理

自然语言处理研究的主要是能实现人与计算机之间用自然语言进行有效通信的各种理论和方法,它涉及的领域较多,主要包括机器翻译、机器阅读理解和问答系统等。

(五) 机器视觉

机器视觉就是用机器代替人眼来做测量和判断,让计算机拥有类似人类提取、处理、理解和分析图像和图像序列的能力。机器视觉系统是通过机器视觉设备将被摄取目标转换成图像信号,传送并转变成数字信号,图像系统再对这些信号进行分析并抽取目标的特征,根据判别的结果来控制现场的设备动作。

三、推动人工智能发展的主要因素

推动人工智能在各个行业中快速发展的主要有三大因素。

(一)快速可用、经济高效、性能强劲的计算能力

强大的商用云计算为企业带来了经济高效、高性能的计算能力。在此之前,唯一适用于人工智能的计算环境成本高昂。

(二)大量的可供训练的数据

人工智能需要接受大量数据的训练才能做出正确的预测。各种不同数据标记工具的兴起,再加上组织可以轻松便捷、经济高效地存储和处理结构化及非结构化数据,这让更多组织能够构建和训练人工智能算法。

(三)人工智能的竞争优势

越来越多的企业开始认识到运用人工智能洞察支持业务目标所带来的竞争优势,并将其作为企业的重中之重。例如,人工智能提供的针对性建议可以帮助企业更快做出更明智的决策。利用人工智能的特性和功能,企业可以降低成本和风险,缩短产品上市时间,获得更多优势。

四、人工智能的应用

(一)商业智能

人工智能的本质是学习并超越人类感知和响应世界的方式。如今,人工智能正迅速成为创新的基石。得益于各种可识别数据模式然后驱动企业开展预测的机器学习技术,人工智能可以帮助企业更全面地理解丰富的可用数据,基于预测,自动执行普通及过于复杂的任务。

在企业运营中,人工智能技术可以自动执行以往需要手动完成的流程或任务,提高企业绩效和生产率,还可以超越人力极限,充分发挥数据的价值,为企业创造巨大的商业效益。例如,Netflix 使用机器学习将个性化提升到了一个新的高度,在 2017 年实现了 25% 以上的客户增长。

人工智能可以为大多数职能、业务和行业创造价值。其中包括通用和行业特定的应用,例如:使用交易和人口统计数据来预测特定客户在与某企业的关系中将花费多少,或称作客户的终身价值;根据客户行为和偏好优化定价。

可见,人工智能被广泛应用于商务活动场景中,即商业智能(BI),又称商业智慧或商务智能,指用现代数据仓库技术、线上分析处理技术、数据挖掘和数据展现技术进行数据分析以实现商业价值。

商业智能的概念在1996年最早由Gartner Group提出,将商业智能定义为:商业智能描述了一系列的概念和方法,通过应用基于事实的支持系统来辅助商业决策的制定。

我们可以把商业智能看成是一种解决方案。商业智能的关键是从许多来自不同的企业运作系统的数据中提取出有用的数据并进行清理,以保证数据的正确性,然后经过抽取、转换和装载,合并到一个企业级的数据仓库里,从而得到企业数据的一个全局视图,在此基础上利用合适的查询和分析工具、数据挖掘工具、OLAP工具等对其进行分析和处理(这时信息变为辅助决策的知识),最后将知识呈现给管理者,为管理者的决策过程提供支持。

提供商业智能解决方案的著名IT厂商包括微软、IBM、Oracle、SAP、Informatica、Microstrategy、SAS、Royalsoft、帆软等。

(二) 其他应用场景

人工智能已经在包括医疗、新闻、交通、教育、家居等很多领域取得了重大成功。例如,通过训练人工智能软件,美联社实现了自动撰写短期收益新闻报道,并将新闻报道量提升了12倍。这让其记者能够专注于撰写更具深度的文章。Deep Patient是西奈山伊坎医学院构建的一个人工智能工具,可以帮助医生在诊断出疾病之前识别高风险患者。insideBIGDAT称,该工具可以分析患者的病史,在发病前一年预测近80种疾病。

人工智能具有广阔的前景,"AI+"给各行业带来的转型发展已是大势所趋。

第五节 区 块 链

一、区块链概况

(一) 什么是区块链

2008年美国房地产泡沫破裂,金融危机在美国爆发,并向全世界蔓延,导致成千上万的人陷入生存困难。危机的起因是银行利用委托给他们的钱开展低效和成本密集的业务,银行、保险公司或政府等中央集权机构被指控在处理货币价值时滥用信任。

在此背景下,为了防止在系统层面上滥用信任和相关的数据滥用,一个自称为中本聪的人发明了区块链,这项新技术会使挪用资金,滥用信任或欺诈变得困难。2008年11月1日,此人发表了《比特币:一种点对点的电子现金系统》一文,阐述了基于P2P网络技术、加密技术、时间戳技术、区块链技术等的电子现金系统的构架理念,这标志着比特币的诞生。

两个月后理论步入实践,2009年1月3日第一个序号为0的创世区块诞生。几天后2009年1月9日出现序号为1的区块,并与序号为0的创世区块相连接形成了链,标志着区块链的诞生。区块链技术与比特币的关系是面粉与面包的关系。

狭义来讲,区块链是一种按照时间顺序将数据区块以顺序相连的方式组合成的一种链式数据结构,并以密码学方式保证的不可篡改和不可伪造的分布式账本。

广义来讲,区块链技术是利用块链式数据结构来验证与存储数据、利用分布式节点共识算法来生成和更新数据、利用密码学的方式保证数据传输和访问的安全、利用由自动化脚本代码组成的智能合约来编程和操作数据的一种全新的分布式基础架构与计算方式。区块链,本质上是一个去中心化的数据库。

(二)区块链如何运作

以转账为例:目前我们的转账都是中心化的,银行是一个中心化账本,例如 A 账号里有 300 元,B 账号里有 100 元。当 A 要转 100 元给 B 时,A 要通过银行提交转账申请,银行验证通过后,就从 A 账号上扣除 100 元,B 账号增加 100 元。计算后 A 账号扣除 100 元后余额 20 元,B 账号加上 100 元后余额为 200 元。

区块链上转账的步骤则是:A 要转账给 B100 元,A 就会在网络上把要转账的这个信息告诉网络众人,大家会去查看 A 的账户上是否有足够的钱去完成这个转账,如果验证通过后,大家就把这个信息都记录到自己的计算机上区块链中,且每个人记入的信息都是同步一致的,这样 A 就顺利将 100 元转移到了 B 的账户上。可以看到这中间并没有银行参与。这就是分布式记账,如图 6-3 所示。

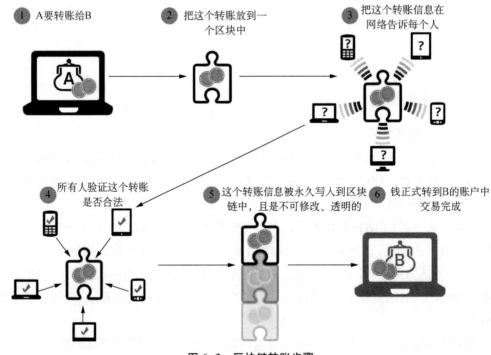

图 6-3 区块链转账步骤

(三) 区块链的特征

1. 去中心化

区块链技术不依赖额外的第三方管理机构或硬件设施,没有中心管制,除了自成一体的区块链本身,通过分布式核算和存储,各个节点实现了信息自我验证、传递和管理。去中心化是区块链最突出最本质的特征。

2. 开放性

区块链技术基础是开源的,除了交易各方的私有信息被加密外,区块链的数据对所有人开放,任何人都可以通过公开的接口查询区块链数据和开发相关应用,因此整个系统信息高度透明。

3. 独立性

基于协商一致的规范和协议(比如约定加密算法等),整个区块链系统不依赖其他第三方,所有节点能够在系统内自动安全地验证、交换数据,不需要任何人为的干预。

4. 安全性

只要不能掌控全部数据节点的51%(这基本不可能),就无法肆意操控修改网络数据,这使区块链本身变得相对安全,避免了主观人为的数据变更,避免了对中心机构的依赖。

5. 匿名性

除非有法律规范要求,单从技术上来讲,各区块节点的身份信息不需要公开或验证,信息传递可以匿名进行。

二、区块链的类型与核心技术

(一) 区块链的类型

1. 公有区块链

世界上任何个体或者团体都可以发送交易,且交易能够获得该区块链的有效确认,任何人都可以参与其共识过程。公有区块链是最早的区块链,也是应用最广泛的区块链,各比特币类的虚拟数字货币均基于公有区块链,世界上有且仅有一条该币种对应的区块链。

2. 行业区块链

由某个群体内部指定多个预选的节点为记账人,每个块的生成由所有的预选节点共同决定,其他接入节点可以参与交易,但不过问记账过程(本质上还是托管记账,只是变成分布式记账),其他任何人可以通过该区块链开放的 API 进行限定查询。

3. 私有区块链

仅仅使用区块链的总账技术进行记账,可以是一个公司,也可以是个人,独享该区块链的写入权限,本链与其他的分布式存储方案没有太大区别。传统金融都是想尝试私有区块链,私链的应用产品还在摸索当中。

(二) 核心技术

一般说来,区块链系统由数据层、网络层、共识层、激励层、合约层和应用层组成。其中,数据层封装了底层数据区块以及相关的数据加密和时间戳等基础数据和基本算法;网络层则包括分布式组网机制、数据传播机制和数据验证机制等;共识层主要封装网络节点的各类共识算法;激励层将经济因素集成到区块链技术体系中来,主要包括经济激励的发行机制和分配机制等;合约层主要封装各类脚本、算法和智能合约,是区块链可编程特性的基础;应用层则封装了区块链的各种应用场景和案例。在该体系中,核心技术包括以下四项。

1. 分布式账本

分布式账本指的是交易记账由分布在不同地方的多个节点共同完成,而且每一个节点记录的是完整的账目,因此它们都可以参与监督交易合法性,同时也可以共同为其作证。

2. 非对称加密

存储在区块链上的交易信息是公开的,但是账户身份信息是高度加密的,只有在数据拥有者授权的情况下才能访问到,从而保证了数据的安全和个人的隐私。

3. 共识机制

共识机制就是所有记账节点之间怎么达成共识,去认定一个记录的有效性,这既是认定的手段,也是防止篡改的手段。区块链提出了四种不同的共识机制,适用于不同的应用场景,在效率和安全性之间取得平衡。

区块链的共识机制具备"少数服从多数"以及"人人平等"的特点。以比特币为例,采用的是工作量证明,只有在控制了全网超过51%的记账节点的情况下,才有可能伪造出一条不存在的记录。当加入区块链的节点足够多的时候,这基本上不可能,从而杜绝了造假的可能。

4. 智能合约

智能合约是基于这些可信的不可篡改的数据,可以自动化地执行一些预先定义好的规则和条款。以保险为例,如果说每个人的信息(包括医疗信息和风险发生的信息)都是真实可信的,那就很容易在一些标准化的保险产品中,去进行自动化的理赔。

三、区块链的应用领域

(一) 金融领域

区块链在国际汇兑、信用证、股权登记和证券交易所等金融领域有着潜在的巨大应用价值。将区块链技术应用在金融行业中，能够省去第三方中介环节，实现点对点的直接对接，从而在大大降低成本的同时，快速完成交易支付。比如 Visa 推出基于区块链技术的 Visa B2B Connect，它能为机构提供一种费用更低、更快速和安全的跨境支付方式来处理全球范围的企业对企业的交易。2022 年 8 月，全国首例数字人民币穿透支付业务在雄安新区成功落地，实现了数字人民币在新区区块链支付领域应用场景新突破。

（二）物流领域

区块链结合物联网在物流领域也很有用武之地。通过区块链可以降低物流成本，追溯物品的生产和运送过程，并且提高供应链管理的效率。该领域被认为是区块链一个很有前景的应用方向。

区块链能够在整个网络中实现信息的全面传递，并能够检验信息的准确程度，提高了物联网交易的便利性和智能化。区块链＋大数据解决方案利用大数据的整合能力，促使物联网基础用户拓展更具有方向性，便于在智能物流的分散用户之间实现用户拓展。

（三）公共服务领域

区块链在公共管理、能源、交通等领域都与民众的生产生活息息相关，但是这些领域的中心化特质也带来了一些问题，可以用区块链来改造。区块链提供的去中心化的完全分布式服务可用于监控系统软硬件和传输数据的状态，确保没有篡改。

（四）数字版权领域

通过区块链技术，可以对作品进行鉴权，证明文字、视频、音频等作品的存在，保证权属的真实、唯一性。作品在区块链上被确权后，后续交易都会进行实时记录，实现数字版权全生命周期管理，也可作为司法取证中的技术性保障。

（五）保险领域

在保险理赔方面，保险机构负责资金归集、投资、理赔，往往管理和运营成本较高。通过智能合约的应用，既无需投保人申请，也无需保险公司批准，只要触发理赔条件，实现保单自动理赔。

（六）公益领域

区块链上存储的数据，高可靠且不可篡改，天然适合用在社会公益场景。公益流程中的相关信息，如捐赠项目、募集明细、资金流向、受助人反馈等，均可以存放于区块链上，并且有条件地进行透明公开公示，方便社会监督。

（七）司法领域

为进一步加强区块链在司法领域应用，充分发挥区块链在促进司法公信、服务社会治理、防范化解风险、推动高质量发展等方面的作用，我国最高人民法院在充分调研、广泛征求意见、多方论证基础上，制定《最高人民法院关于加强区块链司法应用的意见》，于 2022 年 5 月 25 日发布。该《意见》明确人民法院加强区块链司法应用总体要求及人民法院区块链平台建设要求,提出区块链技术在提升司法公信力、提高司法效率、增强司法协同能力、服务经济社会治理等四个方面典型场景应用方向,明确区块链应用保障措施。

四、政府对区块链的态度

2016年,中华人民共和国工业和信息化部发布了《中国区块链技术和应用发展白皮书(2016)》。白皮书正式介绍了中国区块链技术发展路线蓝图以及未来区块链技术标准化的方向和进程。同年,国务院印发《"十三五"国家信息化规划》,首次将区块链技术列入国家级信息化规划内容。

2017年,国务院办公厅发布的《关于创新管理优化服务培育壮大经济发展新动能加快新旧动能接续转换的意见》提出:在人工智能、区块链、能源互联网、大数据应用等交叉融合领域构建若干产业创新中心和创新网络。

2018年,原中国银行保险监督管理委员会、中共中央网络安全和信息化委员会办公室、公安部、人民银行和市场监管总局联合发布了《关于防范以"虚拟货币""区块链"名义进行风险集资的风险提示》。

2019年,国家互联网信息办公室发布了《区块链信息服务管理规定》,为区块链信息服务提供有效的法律依据。

2021年9月24日,中国人民银行在其官网公布了《关于进一步防范和处置虚拟货币交易炒作风险的通知》。2021年9月24日,十部门联合发布《国家发展改革委等部门关于整治虚拟货币"挖矿"活动的通知》,通知明确提出,全面梳理排查虚拟货币"挖矿"项目,严禁新增项目投资建设。

可以看到,政府鼓励探索区块链技术,以加速区块链应用落地,服务实体经济,构建新型数字经济。但是,政府也明确限制虚拟货币相关业务活动,整治虚拟货币"挖矿"行为。

本 章 小 结

云计算是通过网络提供可伸缩的、廉价的分布式计算能力的一种技术。用户只需要在具备网络接入条件的地方,就可以随时随地获得所需的虚拟化资源,如网络、服务器、存储、应用软件、服务等。云计算的服务类型分为三类,即基础设施即服务(IaaS)、平台即服务(PaaS)和软件即服务(SaaS)。

物联网即"万物相连的互联网",是互联网基础上的延伸和扩展的网络,将各种信息传感设备与网络结合起来而形成的一个巨大网络,实现任何时间、任何地点,人、机、物的互联互通。物联网的基本架构可概括为整体感知(感知层)、可靠传输(网络层)和智能处理(应用层)。

大数据指的是所涉及的数据量规模巨大到无法透过主流软件工具,在合理时间内达到捕获、管理、处理、并整理成为有助于决策的数据集合。大数据有4V特点。大数据处理流程包括采集及预处理、存储及管理、分析及挖掘和展现四个步骤。应用场景遍布众多领域。

人工智能是计算机科学的一个分支,它企图了解智能的实质,并生产出一种新的能以人类智能相似的方式做出反应的智能机器,该领域的研究包括机器人、语言识别、图像识别、自然语言处理和专家系统等。

狭义来讲,区块链是一种按照时间顺序将数据区块以顺序相连的方式组合成的一种链式数据结构,并以密码学方式保证的不可篡改和不可伪造的分布式账本。广义来讲,区块链技术是利用块链式数据结构来验证与存储数据、利用分布式节点共识算法来生成和更新数据、利用密码学的方式保证数据传输和访问的安全、利用由自动化脚本代码组成的智能合约来编程和操作数据的一种全新的分布式基础架构与计算方式。区块链,本质上是一个去中心化的数据库。

 课后案例

MAP beSide 区块链专业溯源金龙鱼原香稻

岁末将至,一场以"品控溯源,收获从田间到舌尖的信任"为主题,为期两天的MAP beSide 区块链专业溯源食品展在深圳市正式举行。

活动现场,消费者的目光纷纷锁定在 MAP 产品展示区的金龙鱼稻米系列产品。其中,300克小容量的金龙鱼小鲜米令不少消费者驻足,其通过行业先进的瞬时充氮低氧灌装工艺,锁住新鲜,开罐即用,一罐刚好满足三口之家一顿饭的量,十分契合当代年轻人快节奏的生活理念。

而在2020年第三届中国黑龙江国际大米节品评品鉴活动中荣获"粳米十大好吃米饭"的金龙鱼五常基地原香稻,成了消费者的选择。人们在深度了解金龙鱼五常基地原香稻溯源过程的同时,还切身品尝到香软弹滑的正宗五常好大米。

1. 不是每一款五常大米,都能做到区块链专业溯源

作为五常大米的重要推广者,金龙鱼五常基地原香稻真正做到了区块链专业溯源。面对高速市场增长带来的历史发展机遇,科技赋能下的金龙鱼五常基地原香稻产品力不断突破,依托现代科学田间管理模式,在 MAP beSide 区块链专业溯源的支持下,为金龙鱼五常基地原香稻提供全程种植管理;严控水土检测,金龙鱼邀请SGS检测机构对种植水土进行检测,测评结果中水、土壤重金属含量低于国家标准限值,同时保证"稻花香2号"原粮品质安全。

除此之外,MAP beSide对原香稻的溯源不仅是五常好山水,更是"从田间到餐桌"的全程溯源,从专业角度确保五常基地原香稻的种子好、水土好、种植好、储藏好、加工好的"五好品质",通过物联网、大数据以及人工智能等高新技术的深度应用,降低生产成本,提高产品质量,土地生产效率相应提高。

2. 六步鲜米精控技术,让消费者天天吃鲜米

随着近年来消费者的消费升级和饮食结构的变化,"米"的鲜活口感愈发成为了消费者对主食选择的重要评判标准之一。

益海嘉里集团研发中心和米业事业部致力于稻谷加工先进模式的探索,历经12年的努力,从全产业链维度创立了"稻谷'六步鲜米精控技术'创新体系"。近期,金龙鱼"六步鲜米精控技术"更是荣膺2022年中国粮油学会科学技术奖特等奖的荣誉奖项。该评审项目涵盖了粮油领域的粮食加工、油脂加工、粮食储藏、粮油质检、信息与自动化、饲料加工等专业领域,技术水平普遍较高,反映了粮油行业的科学技术水平。

3. 荣登熊猫指南榜单三星产品,用数据呈现美味的正宗五常好大米

金龙鱼五常基地原香稻得到了熊猫指南89分的高分推荐。2022年12月22日,熊猫指南中国优质农产品年度榜单正式发布,金龙鱼五常基地原香稻斩获"三星产品"的殊荣。

熊猫指南是中国优质农产品风向标,坚持用科学定义好吃,用数据呈现美味,打造了中国首份针对精准地块进行评价的优质农产品榜单,为消费者提供权威的推介指南。此次,依托熊猫指南风味轮系统,以及CNAS感官实验室认证,共有336款中国优质农产品登上年度榜单。

熊猫指南通过对金龙鱼五常基地原香稻品质标准化测评,以"环境优、品种优、种植优、品质优、物有所值"的多维度定义,实现了五常大米品质数据的可视化,架起了金龙鱼五常基地原香稻与消费之间信任的桥梁。

美味、健康、可视,一场可以直接感受到"全程品控溯源"的活动,让消费者放心,真正收获从田间到舌尖的信任。金龙鱼五常基地原香稻一直以来致力为消费者的餐桌送上正宗五常好大米,不仅是来自对消费者的责任感和使命感,更离不开MAP beSide区块链专业溯源的全程支持,让农耕劳动者从靠天吃饭到知天而作,成为金龙鱼五常基地原香稻真正的底气。

未来,金龙鱼五常基地原香稻将继续依托 MAP beSide 区块链专业溯源和卫星遥感监测技术,采用六步鲜米精控技术,为五常大米夯实品质口碑持续发力,积极推动中国稻米产业可持续发展,不断收获消费者从田间到舌尖的信任。

(资料来源:https://hea.china.com/article/20230110/012023_1209761.html)

思考题

1. 分析 MAP beSide 区块链技术在本案例中的应用情况。
2. 物联网、大数据以及人工智能等新技术是如何应用于金龙鱼五常基地原香稻生产的?

课后调研

◇ 阅读《2022 年中国大数据分析平台行业研究报告》,调研 ThoughtSpot 公司如何在大数据分析平台行业突围,分析其业务范围和优势。

◇ 研究国内外人工智能发展现状,完成关于人工智能在商业中应用的调研报告。

◇ 综合各方观点,总结区块链开启的全球化 2.0 时代会如何颠覆我们交易和合作的方式及理念?

第七章　企业的数智化

 引入阅读

IBM：打造智慧企业的挑战和切入点

如何让企业变"聪明"？这是个问题。在过去数十年的信息化变革中，企业利用技术解决的是流程的问题，目的是用计算机系统工具替代一部分人工，通过解放人力来提高企业的生产力；而在如今的数字化变革中，企业利用技术解决的是智能的问题，目的是基于海量数据实现系统的自主分析和决策，通过辅助于人来提高企业的"智力"。

1. 审视数字化挑战

在 IBM 看来，未来的企业一定都是智慧的企业。然而，据《IBM 商业价值研究院》调查显示，截至目前，全球只有 9% 的受访企业表示做到了这一点。是什么在阻碍这一进程？IBM 认为，其中的挑战和难点主要体现在以下几个方面。

第一，传统企业往往比较重视在硬件和重资产上面的投资，但是对于软件与消费者创新的连接，以及企业内部数字化管理的重视程度，还需要进一步提高。

第二，总体规划和设计的能力还相对比较欠缺。

第三，企业比较重视市场洞察，对于消费互联网比较熟悉，但是对于工业互联网以及企业内部数据的重视程度还远远不够。

第四，虽然企业对上云非常积极，但到目前为止，大约只有 20%～30% 的企业会主动利用混合云来获得更大的市场发展。

那么，什么才是一个智慧企业"该有的样子"？根据 IBM 的总结，这在某种意义上是"企业大脑"的进化，需要梳理出企业"神经网络"的通路，然后才能在这个通路上快速做出反应，敏捷地进行服务和产品交付。

2. 加速数字化变革

IBM 认为，企业要尽可能多地实现连接，既要连接消费者、客户，还要连接合作伙伴、供应商和自己的员工，并通过各种各样的数字化渠道与他们进行交互，所有这

些交互痕迹都会沉淀为数据,成为企业构建洞察力的第一步。在这一基础上,为了向不同的客户提供他们所偏好的产品和服务,还要利用好人工智能、自动化技术以及混合开放平台。

对此,IBM Services 高级副总裁 Mark Foster 还在 Think 2020 大会上介绍了一套方法论,他表示,企业可以从三个方面入手打造智慧企业。

第一,创建新的业务平台。基于云计算,并利用数据和创新技术,改变竞争方式,并发展自己所处行业和领域的核心优势。

第二,优化智能工作流程。通过构建端到端的流程模块,塑造更灵活、更有弹性的工作流程,实现对成本和供应链的更有效管理。

第三,提升企业体验与人性化。通过技术与人协同,提升员工体验、企业体验和生态系统体验,进而优化与客户和合作伙伴的互动方式。

"围绕这三个方面,我们可以看到,那些想要业务更加智慧的企业走上了转型之路,并且已经做好了充分的准备。他们现在利用这些技术、方法、工作方式,在这一时期生存下来,今后将变得更加强大。"Mark 表示。

以全球规模最大的零食公司菲多利为例。旗下有奇多、多力多滋、乐事等品牌商品,为面对消费者和下游零售商需求的加速变化,菲多利与 IBM 合作,通过 Garage 方法,只用了 30 天时间就组建了 11 个独立的开发团队,向供应链、价值链、电商网站等整个端到端提供技术和应用的快速交付。这从根本上改变了菲多利的整个价值链,包括生产方式、服务方式、供货方式,甚至是货架摆放方式。而这些改变,就使得菲多利在面对各种不确定情形时,能更从容地应对。

全球最大的植物营养生产及供应商 YARA 也与 IBM 合作,创建了数字化业务平台,并且面向跨行业开放。据了解,这个平台上有大量的功能模块是为农民提供技术支持的,比如,农场天气应用程序,可以帮助农民很详细地掌握天气情况,然后更合理地安排农务事项和具体的时间,这对于提高作物产量和质量非常重要。

YARA 的数字化切入点是创新业务平台的构建,而壳牌则是工作流程优化的受益者。壳牌和 IBM 合作开发了 Oren,用于帮助企业收集不同来源的数据并进行深度分析,推动不同部门之间的协作,平台还帮助壳牌内部和他们的客户更好地实现数字化流程处理,大大提升了企业在复杂环境中的工作效率。

总的来说,数字化、智能化已经成为企业的标配,核心业务的数字化趋势已经全面展开。

(资料来源:https://www.ibm.com/blogs/china/gbs/4-challenges-and-3-key-points-for-building-a-smart-business/)

第一节　企业信息化管理

随着信息化技术的发展,利用先进的计算机信息技术提高企业工作效率,优化组织架构和业务流程已经成为企业管理发展的必然选择。一般来说,企业信息化要经过内部资源整合、外部资源利用及电子商务协同等阶段。

在激烈的市场竞争中,信息的获取程度和企业市场竞争的成功是密切相关的。市场信息不仅指企业经营中内部的各种生产信息,而且包括外部环境的各种信息,如政策法规、市场商情、行业信息等。只有准确、及时、全面地掌握市场信息,才能获得市场竞争的主动。

一、企业的信息化

(一) 企业信息化的概念

企业信息化就是企业通过广泛应用电子信息技术,加快企业产品服务的更新换代、提高市场竞争能力;通过推广计算机辅助设计、辅助制造技术,提高生产过程的自动化程度,建立管理信息系统和决策支持系统,促进企业生产和管理现代化;充分利用信息化手段,采集、利用好宏观信息、生产流通信息和价格信息,提高管理水平和市场快速反应能力,调整产品结构,降低产品成本,提高生产效率,发挥信息技术催化作用,激发企业新的活力。

企业为了在市场经济中取得有利的位置,必须有快速的信息反应机制,包括建立企业内部的快速反应机制和外部市场的快速反应机制。在企业内部,依靠信息技术建立企业信息管理系统,对企业的大量信息进行及时存储、加工、分析和预测,并及时作出反应,指导企业的经营活动;在企业外部市场,建立健全市场监控体系,及时反馈市场信息,使企业作出快速的反应,以应对市场的变化。

现代的企业运营就是管理加上信息化,所谓信息化就是IT技术和IT技术的管理。前者是一种人文的管理。"IT技术管理"实际上是数字化管理,用数字把所有的商务活动表现出来。而人文的管理,则是知识经济的特定产物。人文管理就是激情管理,以人为本,激发人的主动性。

(二) 企业信息化的构成

企业信息化建设任务可以进一步归纳成计算机网络基础设施建设、生产制造管理系统的信息化、企业内部业务管理的信息化、企业内外部信息资源的开发与利用等四大部分。

1. 计算机网络基础设施建设

企业局域网的建设能使企业的信息在网络环境下脱离信息孤岛的限制,使企业各部门和部门间的信息得到较充分的处理;外联网的建设,将使企业与供应链上的合作伙伴实现更加高效的合作;与互联网的连接,能使企业形象和产品宣传的触角伸展至全球,使企业更方便快捷地实现与企业客户的实时交互,从而使企业获得更多的商机。

企业计算机网络基础设施建设中的另一大任务是信息资源与组织管理的整合。

2. 生产制造管理系统的信息化

作为制造型企业,生产制造管理系统的信息化是企业信息化工程的重要内容之一。随着计算机技术的发展,企业生产制造管理系统的信息化更趋整合。从单机阶段的计算机辅助设计,到局域网下的跨部门合作,企业范围的数据集成、优化决策,再到互联网环境下的企业间信息共享和供应链资源优化,企业的信息化发展越来越深入。

3. 企业内部业务管理的信息化

很多企业内部业务管理信息化先从财务管理开始,运用计算机帮助完成财务核算分析和编制财务计划工作,然后将信息化的范围扩展到采购、销售、库存和人事管理,并运用计算机实现财务管理以及进销存等管理数据的一体化处理,最后再将信息化扩大到生产管理,运用计算机实现生产计划编制和生产指挥调度的信息化。企业资源计划管理(ERP)等软件系统的发展,提高企业内部管理信息化水平到一个新阶段。

企业内部业务管理信息化不仅仅包括软件的开发和计算机网络的建立,更重要的是,需要配合信息化进程实现业务流程的重组、建立企业信息化管理制度等。

4. 企业内外部信息资源的开发与利用

企业内外部信息资源的利用就是要求利用信息技术迅速准确地获取企业所需要的各种信息。企业内外部信息资源的利用主要是指利用信息技术实现企业内外部信息的共享。其中,内部信息包括财务、营销、生产、库存、人事等部门的业务数据、员工的经验、知识;外部信息包括客户的需求偏好、合作者的合作信息、竞争对手的信息以及公开储存在互联网网站上的公共信息。

二、企业信息化的发展

(一) 企业初级信息化阶段

企业初级信息化在于解决企业不同部门间信息的共享及信息的交流问题。企业使用 E-mail 等网络通信工具,实现内外部交流和联络,另外,企业建设网站做宣传。

(二) 企业内部信息化阶段

按照企业内部资源管理的要求,实现基础管理、研究与开发的阶段。通过办公自动化系统、管理信息系统、财务系统、进销存管理系统以及生产设计领域中的计算机辅助设计、辅助制造等系统，实现企业各个部门的信息化管理，提高企业的管理效率。

（三）企业内部信息化资源整合阶段

在企业内部信息化的基础上，实现企业的网络化管理，对企业的各种系统信息进行集成，实现对企业的信息资源的有效整合。这一阶段的信息化工作的主要任务是利用企业的内联网、外联网实现对涵盖企业生产管理、物料管理、质量管理、销售与分销管理、财务管理、资产管理、人力资源管理等众多领域的资源进行整合。此阶段一般伴随有管理组织和业务流程的创新。

（四）企业外部资源利用整合阶段

现代企业必须快速应对市场的变化，才能争取竞争主动。在供应链的思想体系下，企业必须通过加强供应链企业间的联系，跟踪技术、客户、市场，确保对市场变化的及时了解、迅速反应。通过互联网，在同业、上下游企业间开展贸易和业务协同，以信息的实时交互实现信息共享，减少中间环节、消除信息障碍。

（五）电子商务与协同商务阶段

采用互联网技术和开放的互联网标准对企业与供应商、经销商、银行等相关企业实现业务数据层的链接，并将前阶段完成的企业网站、ERP等系统整合到一起，进而实现真正意义上的电子商务。

三、办公自动化与信息化管理

（一）办公自动化概述

办公自动化是企业信息化的必经阶段，它主要是将计算机技术应用于繁杂的办公事务的处理，从而提高管理效率，将人们从繁重的手工劳动中解放出来。管理信息系统的应用离不开办公自动化技术，其主要作用是支持知识工作和文书工作，如字符处理、电子信件、电子文件等。办公自动化系统（OA）是基于先进的网络互联基础上的分布式软件系统，通过有效的资源共享和信息交流、发布，达到提高个人工作效率、降低劳动强度、减少重复劳动的目的。它强调人与人之间、各部门之间、企业之间的协同工作，以及相互之间进行有效的交流和沟通。

（二）办公自动化的发展

以单一的文字处理工具为基础的阶段；到基于关系型数据库技术，以客户/服务器体系结构应用为特征阶段，这一阶段基本实现了部门级的数据处理、公文处理等的自动化，在一定范围内实现了数据的共享和设备的共享；基于符合互联网/内联网技术标准的平台应用阶段，它将现代办公设备与国际互联网结合起来，形成了一种全新的办公方式。

（三）办公自动化的特点

随着网络通信技术、计算机技术和数据库技术等核心支柱技术的成熟，办公自动化已进入到新的层次,体现出了新的特点:集成化,软硬件及网络产品的集成、人与系统的集成、单一办公系统同社会公众信息系统的集成;智能化,面向日常事务处理,辅助人们完成智能性劳动,如汉字识别、辅助决策等;多媒体化,包括对数字、文字、图像、声音和动画的综合处理;运用EDI,通过网络系统,在计算机间进行交换和自动化处理。

(四)办公自动化的层次

根据办公自动化技术应用水平及办公自动化发展的阶段,办公自动化具有不同的层次。事务型办公自动化系统,该层次只限于单机或简单的小型局域网上的文字处理、电子表格、数据库等辅助工具的应用;信息管理型办公自动化系统,把事务型办公系统和综合信息(数据库)紧密结合的一种一体化的办公信息处理系统;决策支持型办公自动化系统,这是建立在信息管理型办公自动化系统的基础上。使用由综合数据库系统所提供的信息,针对所需要作出决策的课题,构造模型,结合有关内外部的条件,由计算机执行决策程序,作出相应的决策。

第二节 企业资源规划

企业资源的统一规划利用是信息管理发展到电子商务阶段的标志之一。无论是早期用于生产型企业的 MRP Ⅱ,还是广泛采用的 ERP,其核心作用都是将企业的管理流程通过信息技术整合起来,完成生产、管理、销售的一体化。

一、物料需求计划

(一)物料需求计划的概念

物料需求计划(MRP)是在已知生产计划(根据客户订单结合市场预测制订出来的各产品的排产计划)的条件下,根据产品结构或产品物料清单(BOM)、制造工艺流程、产品交货期以及库存状态等信息由计算机编制出各个时间段各种物料的生产及采购计划。

MRP 系统的目标是围绕所要生产的产品,在正确的时间、正确的地点、按照规定的数量得到真正需要的物料;通过按照各种物料真正需要的时间来确定订货与生产日期,以避免造成库存积压。

(二)物料需求计划的应用

1. 基本 MRP

(1)传统的订货点理论。

在 MRP 出现之前,由于企业生产的产品品种繁多,批量变化较大,为了及时生产出合格的产品就必须采用各种方法解决生产中存在的问题,物料的采购往往需要提前进行,订购的批量在保证正常生产需求的基础上,还要设置一定的安全库存,以备不时之需。一旦库存降低,就重新订货,以保证不间断地生产。这样,在安全生产得到保证的前提下,企业有大笔流动资金被占有,没有产生任何经济效益,还产生了大量的仓储费用,增加了生产成本。美国管理学家 R. H. Wilson 在 1915 年提出了经济批量的概念,1934 年又提出用统计方法确定订货点的方法,开库存管理研究之先河,后经人们不断完善,形成了古典生产存储系统(见图 7-1)。

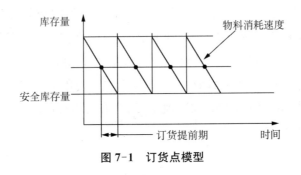

图 7-1 订货点模型

(2) MRP 的发展。

物料需求计划是 20 世纪 60 年代由 IBM 公司的约瑟夫·奥利佛博士提出的把对物料的需求分为独立需求与相关需求的概念,他认为产品结构中物料的需求量是相关的,应该在需要的时候提供需要的物料数量。MRP 根据主生产计划、物料清单和库存余额,对每种物料进行计算,预测物料的短缺,并给出建议,以最小库存量来满足需求且避免物料短缺。

1965 年,美国管理专家针对制造业物料需求随机性大的特点,提出了 MRP 这种新的管理思想。即根据产品的需求情况和产品结构,确定原材料和零部件的需求数量及订货时间,在满足生产需要的前提下,有效降低库存。随着计算机技术的发展,MRP 管理思想借助计算机工具,发展成为一种有效的管理方法。

(3) MRP 的基本内容。

按需求的来源不同,企业内部的物料可分为独立需求和相关需求两种类型。独立需求是指需求量和需求时间由企业外部的需求来决定,如客户订购的产品等;相关需求是指根据物料之间的结构组成关系由独立需求的物料所产生的需求,如半成品、零部件、原材料等的需求。

MRP 的基本任务是:根据最终产品的生产计划(独立需求)导出相关物料(原材料、零部件等)的需求量和需求时间(相关需求);根据物料的需求时间和生产(订货)周期来确定其开始生产(订货)的时间。

MRP 的基本内容是编制零件的生产计划(MPS)和采购计划。要正确编制零件计划,首先必须落实产品的出产进度计划。MRP 还需要知道产品的零件结构,即物料清单(BOM),才能把主生产计划展开成零件计划;同时,必须知道库存数量才能准确计算出零件的采购数量。

(4) MRP 的假设。

MRP 系统建立在两个假设的基础上:一是生产计划是可行的,即假定有足够的设备、人力和资金来保证生产计划的实现;二是假设物料采购计划是可行的,即有足够的供货能力和运输能力来保证完成物料供应。但在实际生产中,能力资源和物料资源总是有限的,往往会出现生产计划无法完成的情况。因而,为了保证生产计划符合实际,必须把计划与资源统一起来,以保证计划的可行性。

为了正常运行 MRP 系统,需要准确把握市场需求,能制订稳定的主生产计划,且计划期要长于总生产提前期,否则无法根据 MRP 展开结果进行采购,如图 7-2 所示。

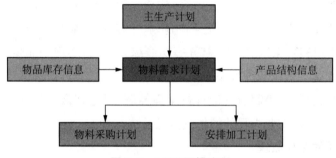

图 7-2　MRP 逻辑流程

(5) MRP 的不足。

MRP 能根据有关数据计算出相关物料需求的准确时间与数量,但它还不够完善,其主要缺陷是没有考虑到生产企业现有的生产能力和采购的有关条件的约束。因此,计算出来的物料需求的日期有可能因设备和工时的不足而没有能力生产,或者因原料的不足而无法生产。同时,它也缺乏根据计划实施情况的反馈信息对计划进行调整的功能。

2. 闭环 MRP

(1) 闭环 MRP 的原理。

MRP 系统的正常运行,需要有一个现实可行的主生产计划。它除了要反映市场需求和合同订单以外,还必须满足企业的生产能力约束条件。因此,除了要编制资源需求计划外,我们还要制订能力需求计划(CRP),同各个工作中心的能力进行平衡。只有在采取了措施做到能力与资源均满足负荷需求时,才能开始执行计划,形成了闭环 MRP。闭环 MRP 把能力需求计划和执行及控制计划的功能也包括进来,形成一个环形回路。

(2) 闭环 MRP 的运行。

在每一个需求计划层,同时进行能力计划,物料需求计划需要通过能力需求计划来验证。反馈信息,如果计划的执行情况未能满足或不符合计划要求,必须把实际执行的信息反馈给计划部门,进行调整、修订以后,再下达执行。这样,既有自上而下的计划信息,又有自下而上的执行信息,形成一个闭环的信息流和业务流。

(3) 闭环 MRP 的不足。

闭环 MRP 没有从财务的角度对企业的计划进行核算,没有对物料赋予货币属性。财务管理系统无法从企业生产系统获得即时的资金信息,来控制和指导生产经营活动,使之符合企业的整体战略目标。

二、MRP II

(一) MRP II 的概念

1977 年 9 月,美国著名生产管理专家奥列弗·怀特在闭环 MRP 的基础上增加了经营计划、销售、成本核算、技术管理等内容,构成了完整的企业管理系统制造资源计划(MRP II)。MRP II 利用计算机网络把生产计划、库存控制、物料需求、车间控制、能力需求、工艺路线、成本核算、采购、销售、财务等功能综合起来,实现企业生产的计算机集成管理,全方位地提高了企业管理效率。MRP II 系统是现代化的管理方法与手段相结合,对企业生产中的人、财、物等制造资源进行全面控制,以达到最大的客户服务、最小的库存投资和高效率的工厂作业为目的的集成信息系统。

(二) MRP II 的工作原理

MRP II 是将企业的生产、财务、销售、采购、技术管理等子系统综合起来的一体化系统,各部分相互联系,相互提供数据。成本核算要利用库存记录和生产活动记录;供应计划是建立在生产计划上的按需供应;生产计划的制订要依赖于销售计划与生产计划大纲;能力平衡过程是各工作中心的可用能力与生产计划中的能力需求的平衡过程;设计部门不再是孤立的,而是与各项生产活动相联系;产品结构构成控制计划的重要方面,财务成本核算可及时进行。MRP II 系统实现了对企业经营活动的全面控制和管理。

(三) MRP II 的局限性

从 MRP 到 MRP II 的发展过程中可以看出,MRP II 系统在企业中的应用有以下趋势:资源概念的内涵不断扩大,企业计划的闭环逐渐形成。MRP II 系统已比较完善,应用也已相当普及,但其资源的概念始终局限于企业内部,在决策支持上主要集中在结构化决策问题。随着计算机网络技术的迅猛发展,20 世纪末,统一的国际市场逐渐形成,面对国际化的市场环境,包括供应商在内的供应链管理已经成为企业生产经营管理的重要部分,MRP II 系统已无法满足企业对资源全面管理的要求。

三、ERP

(一) ERP 的概念

ERP 即企业资源规划,是由美国 Gartner Group Inc 于 1990 年提出的一种供应链的管理思想。ERP 是 MRP Ⅱ 下一代的制造业系统和资源计划软件,它所代表的含义已经跳出了传统企业边界,从供应链范围去优化企业的资源。它主要用于改善企业业务流程以提高企业核心竞争力。

ERP 是指建立在信息技术基础上,以系统化的管理思想,为企业决策层及员工提供决策运行手段的管理平台。ERP 系统应用范围从制造业扩展到了零售业、服务业、银行业、电信业、政府机关和学校等事业部门,通过融合数据库技术、图形用户界面、第四代查询语言、客户服务器结构、计算机辅助开发工具、可移植的开放系统等对企业资源进行有效集成。

(二) ERP 系统特点

ERP 面向全球市场,包罗了供应链上所有的主导和支持能力,协调企业各管理部门围绕市场导向,更加灵活或柔性地开展业务活动,实时地响应市场需求。为此,重新定义供应商、分销商和制造商相互之间的业务关系,重新构建企业的业务和信息流程及组织结构。在管理和组织上采取更加灵活的方式,对供应链上供需关系的变动(包括法规、标准和技术发展造成的变动),同步、敏捷、实时地作出响应。在掌握准确、及时、完整信息的基础上,作出正确决策,能动地采取措施。

ERP 是一种主要面向制造行业进行物质资源、资金资源和信息资源集成一体化管理的企业信息管理系统。ERP 是一个以管理会计为核心可以提供跨地区、跨部门,甚至跨公司整合实时信息的企业管理软件。针对物资资源管理(物流)、人力资源管理(人流)、财务资源管理(财流)、信息资源管理(信息流)集成一体化的企业管理软件。

ERP 的功能包括除了 MRP Ⅱ(制造、供销、财务)外,还包括多工厂管理、质量管理、实验室管理、设备维修管理、仓库管理、运输管理、过程控制接口、数据采集接口、电子通信、电子邮件、法规与标准、项目管理、金融投资管理、市场信息管理等。

与 MRP Ⅱ 相比,ERP 还采用了计算机技术的更新成就,如扩大用户自定义范围、面向对象技术、多种数据库平台、图形用户界面、人工智能、仿真技术等。

(三) ERP 系统功能模块

ERP 系统包括以下主要功能:供应链管理、销售与市场、分销、客户服务、财务管理、制造管理、库存管理、工厂与设备维护、人力资源、报表、制造执行系统、工作流服务和企业信息系统等。此外,还包括金融投资管理、质量管理、运输管理、项目管理、法规与标准和过程控制等补充功能。

ERP 是将企业所有资源进行整合集成管理,简单的说是将企业的三大流:物流、资金流、信息流进行全面一体化管理的管理信息系统。

1. 供应链管理

对企业供应链的管理,即对市场、需求、订单、原材料采购、生产、库存、供应、分销发货等的管理,包括了从生产到发货、从供应商到顾客的每一个环节。利用互联网将上下游企业进行整合,以中心企业为核心,将产业上游原材料和零配件供应商、产业下游经销商、物流运输商及产品服务商以及往来银行结合为一体,构成一个面向最终顾客的完整电子商务供应链。以此降低采购成本和物流成本,提高企业对市场和最终顾客需求的响应速度,从而提高企业竞争力。统计数据表明,企业供应链可以耗费企业高达25%的运营成本。SCM能为企业带来一些益处:(1)增加预测的准确性。(2)减少库存,提高发货供货能力。(3)减少工作流程周期,提高生产率,降低供应链成本。(4)减少总体采购成本,缩短生产周期,加快市场响应速度。

2. 财务管理模块

ERP中的财务模块与一般的财务软件不同,作为ERP系统中的一部分,它和系统的其他模块有相应的接口,能够相互集成,比如:它可将由生产活动、采购活动输入的信息自动计入财务模块生成总账、会计报表,取消了输入凭证烦琐的过程,几乎完全替代以往传统的手工操作。一般的ERP软件的财务部分分为会计核算与财务管理两大块。

(1) 会计核算。

会计核算主要是记录、核算、反映和分析资金在企业经济活动中的变动过程及其结果。它由总账、应收账、应付账、现金管理、固定资产、多币制和成本模块等部分构成。

(2) 财务管理。

财务管理的功能主要是基于会计核算的数据,再加以分析,从而进行相应的预测、管理和控制活动。它侧重于财务计划、控制、分析和预测:财务计划,根据前期财务分析做出下期的财务计划、预算等;财务分析,提供查询功能和通过用户定义的差异数据图形显示进行财务绩效评估、账户分析等;财务决策是财务管理的核心部分,中心内容是制定有关资金的决策,包括资金筹集、投放及资金管理等。

3. 生产控制管理模块

这一部分是ERP系统的核心所在,它将企业的整个生产过程有机结合在一起,使得企业能够有效降低库存,提高效率。同时各个原本分散的生产流程的自动连接,也使得生产流程能够前后连贯,而不会出现生产脱节的情况,耽误生产交货时间。

生产控制管理是一个以计划为导向的先进的生产、管理方法。首先,企业确定它的一个总生产计划,再经过系统层层细分后,下达到各部门去执行。即生产部门以此计划生产部件,采购部门按此采购所需零件等,以实现生产采购计划优化。

(四) ERP系统目标

ERP把客户需求和企业内部的制造活动以及供应商的制造资源整合在一起,形成企业的一个完整的供应链,其核心管理思想主要体现在以下三个方面:(1)体现对整个供应链资源进行管理的思想。(2)体现精益生产、敏捷制造和同步工程的思想。(3)体现事先计划与事前控制的思想。

ERP应用成功的标志是:(1)系统运行集成化,软件的运作跨越多个部门;(2)业务流程合理化,各级业务部门根据完全优化后的流程重新构建;(3)绩效监控动态化,绩效系统能即时反馈以便纠正管理中存在的问题;(4)管理改善持续化,企业建立一个可以不断自我评价和不断改善管理的机制。

四、企业资源规划的演变

企业资源规划从MRP发展到ERP,经历了几个周期过程。第一阶段即物料需求计划阶段,也称作基本MRP阶段;第二个阶段是作为一种生产计划与控制系统的闭环MRP阶段;第三个阶段是作为一种企业生产管理信息系统MRPⅡ阶段;第四个阶段发展成覆盖供应链信息集成的企业资源计划的ERP阶段。

MRP是在产品结构的基础上,根据产品结构各层次物料的从属和数量关系,以每一个物料为计划对象,以完工日期为时间基准倒排计划,按提前期长短区别各个物料下达计划时间的先后顺序。

闭环MRP在MRP的基础上增加了能力计划和执行计划的功能,构成一个完整的计划和控制系统,从而把需要与可能结合起来。但是,闭环MRP还没有说清楚执行计划后给企业带来什么效益;这种效益又是否实现了企业的总体目标。MRPⅡ实现了物流和资金流的集成,形成了一个完整的生产经营信息系统。它主要完成企业的计划管理、采购管理、库存管理、生产管理、成本管理等功能,MRPⅡ可以在周密的计划下有效平衡企业的各种资源,控制库存资金占用,缩短生产周期,降低生产成本。ERP是MRPⅡ下一代的资源计划系统,它从供应链范围去优化资源计划,是基于网络经济的新一代管理思想的实现。

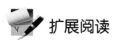
扩展阅读

工业4.0与中国制造2025

工业4.0(Industry 4.0)是基于工业发展的不同阶段作出的划分。按照共识,工业1.0是蒸汽机时代,工业2.0是电气化时代,工业3.0是信息化时代,工业4.0则是利用信息化技术促进产业变革的时代,也就是智能化时代。

工业4.0的概念最早出现在德国,2013年在汉诺威工业博览会上被正式推出,其核心目的是提高德国工业的竞争力。随后由德国政府列入《德国2020高技术战略》中所提出的十大未来项目之一,旨在提升制造业的智能化水平,建立智慧工厂。

> 工业4.0正在彻底改变公司制造、改进和分销产品的方式。当来自生产运营的数据与来自ERP、供应链、客户服务和其他企业系统的运营数据相结合,创建数字孪生能够以数字化方式全面体现运营状况。
>
> 智能工厂能够更加经济高效地生产符合客户需求的定制商品。通过使用先进的模拟软件应用程序、新材料和3D打印等技术,制造商可以为特定客户轻松生产小批量专业产品。第一次工业革命与大规模生产相关,而工业4.0则是与大规模定制相关。
>
> 通过与供应商共享一些生产数据,制造商可以更好地安排交付。例如,通过研究天气、运输合作伙伴和零售商数据,企业可以使用预测式发货,在正确的时间发送成品以满足消费者的需求。区块链正在成为提升供应链透明度的关键技术。
>
> "中国制造2025"与德国"工业4.0"的合作对接渊源已久。2015年5月,国务院正式印发《中国制造2025》,部署全面推进实施制造强国战略。
>
> 工业4.0已经进入中德合作新时代,中德双方签署的《中德合作行动纲要》中,有关工业4.0合作的内容共有4条,第一条就明确提出工业生产的数字化就是"工业4.0"对于未来中德经济发展具有重大意义。双方认为,两国政府应为企业参与该进程提供政策支持。
>
> (资料来源:https://news.eeworld.com.cn/qrs/article_2017080636638.html)

第三节 智慧企业

一、什么是智慧企业

从信息化发展角度看,以物联网、云计算、大数据和人工智能为代表的信息技术发展,已使智慧企业建设具备信息基础和产业基础;同时,不断提升的工业设备智能化水平,也为智慧企业建设创造了良好的技术支撑,但纵观诸多企业的信息化或智能化建设,均存在不系统、不全面、不统一,没有从根本上解决信息孤岛、数据碎片等问题。因此,深入推进智慧企业实践必须正确处理好信息技术、工业技术和管理技术的三者理论关系,采用技术创新和管理创新的两轮驱动模式,实现三者的完美融合,保障各业务数据量化和集成集中共享,统一决策平台和管理智能协同。

智慧企业是建立在数据驱动基础上整体呈现人工智能特点的人机协同企业。智慧企业要求站在企业整体的角度,强化物联网建设、深化大数据挖掘、推进管理变革创新,将先进的信息技术、工业技术和管理技术深度融合,实现企业全要素的数字化感知、网络化传输、大数据处理和智能化应用,从而使企业呈现出风险识别自动化、决策管理智能化、纠偏升级自主化的柔性组织形态和新型管理模式。智慧企业理论体系由涂扬举首次在其著作《智慧企业——框架与实践》中进行了全面诠释。

二、智慧企业特征和目标

(一) 智慧企业的主要特征

1. 经营发展特征

更加注重经营发展。智慧企业通过数据驱动、多脑协同、智能决策,在履行社会责任的同时,更加注重企业管理与效益、生存与发展等企业根本性问题。

2. 风险防控特征

更加注重风险防控。智慧企业始终围绕风险管控,通过建设自动识别、智能管控体系,实现风险识别自动化、风险管控智能化。

3. 人的因素特征

更加注重人的因素。智慧企业除了应实现物物相联外,还应充分考虑人的因素,做到人人互通、人机交互、知识共享、价值创造。

4. 管理变革特征

更加注重管理变革。智慧企业通过信息技术、工业技术和管理技术"三元"融合,实现企业管理层级更加扁平,机构设置更加精减,机制流程更加优化,专业分工更加科学。

5. 全面推进特征

更加注重全面推进。智慧企业是全面的、系统的网络化、数字化和智能化,要求按照全面创新进行规划和建设,做到全面感知、全面数字、全面互联、全面智能。

(二) 建设目标

智慧企业建设目标是企业实现自动管理,即自动预判、自主决策、自我演进。

1. 自动预判,即风险识别自动化

通过建设完整的网络体系,做到大感知、大传输、大存储、大计算、大分析,从而实现对各类风险全过程的自动识别、判定及预警。

2. 自主决策,即决策管理智能化

通过在企业建立数据驱动的"单元脑""专业脑""决策脑"等,形成多脑协同和系统联动,使企业整体具有人工智能特点,实现企业决策管理全面智能。

3. 自我演进,即纠偏升级自主化

通过各类历史数据和决策模型的不断累积,使企业具备自主学习功能,实现自我评估、自我纠偏、自我提升、自我引领。

三、智慧企业管理模型

以数据驱动为导向,智慧企业管理模型可分为两阶段模型,采用"物联网＋大数据＋人工智能"的传接纽带,将先进信息技术、工业技术和管理技术深度融合,稳步构建新型智慧企业管理体系。

(一) 过渡模型

模型一的特点是层级管控与数据驱动管理相结合。适应对象为短期内无法消除层级管控的企业。

该模型是以核心业务的数字改造和职能部门的专业整合为主,在保留原有泰勒管理组织架构的基础上,逐步添加和变革智慧企业管理体系要素,构建"双轨制"的运行机制,逐步增加原有管理体系对数据驱动企业管理模式的依赖程度,度过智慧企业初级阶段。以上管理模型仅仅是过渡模型,鉴于各行业、各企业的"环境"因素不同,需要构建符合企业实情的智慧企业初级管理模型体系。

(二) 理想模型

模型二特点是数据驱动管理,业务部门围绕各种人工智能脑发挥规划、研发和服务保障等作用。适应对象为单一职能型企业、大型或集团管控型企业的高级阶段。

该模型实现了智慧企业管理体系的变革,决策指挥中心为核心,向下依托各专业数据中心的数据决策,向上为企业决策管理层提供综合决策预案,同时以规划、研发、服务等部门来保障整个智慧企业管理、技术的先进性变革,采用巡检、专业值班等分部实现公司一线员工的专业集成和"智慧"转型。

(三) 智慧化运行与管理模型

大渡河公司首次提出并实践了物理企业与数字企业融合的智慧化运行与管理的模型。不同于德国工业4.0面向生产线及设备的数字孪生,大渡河提出的是对整个企业管理形态的数字孪生,即在保留物理层级组织架构基础上,以核心业务的数字化改造和职能部门的专业整合为主,逐步变革管理体系要素,构建层级管理＋数据驱动"双轨制"的运行机制,逐步提升数据驱动管理模式对原有管理体系的支撑。

特征表现为"人"在企业智慧化运行与管理中始终处于核心位置,在物理企业与数字企业之间构建了一种以人机协同为显著特征的三阶循环系统,让企业整体呈现层级管理与数据驱动管理相结合的状态,从而实现以自动预判、自主决策、自我演进为目标形态的流域智慧化运行与管理,如图7-3所示。

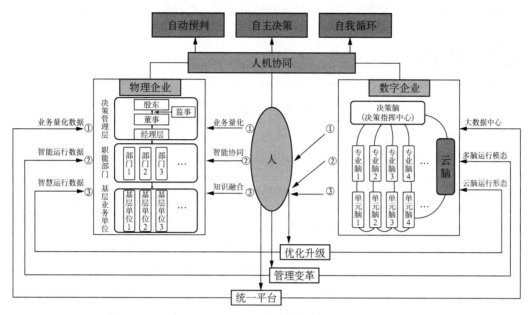

图 7-3 智慧化运行与管理模型

四、智慧企业关键路径和价值

(一)智慧企业关键路径

关键路径为业务量化、集成集中、统一平台和智能协同。

业务量化是通过各种最新技术的应用,将企业的各项业务全面数字化,使企业从过去定性描述、经验管理,逐步转变为数据说话、数据管理。

集成集中是全面整合以往分散的系统平台,消除业务系统间分类建设、条块分割、数据孤岛的现象,从而形成集中、集约的管理系统。

统一平台是实现各类专业口径的数据标准化,并在统一运用平台上相互交换、实时共享,为大数据价值的持续开发利用提供支撑。

智能协同是通过对大数据的专业挖掘和软件开发,形成自动识别风险、智能决策管理以及多脑协调联动的"云脑",对企业进行管理。

(二)智慧企业重要价值

智慧企业是一种战略思考,是企业身处巨大变革时代的转型思考,是全局性和系统性的,它不是具体、单一项目计划;智慧企业是一种发展方向,方向代表着引领,指明方向往往比解决问题本身更为重要;智慧企业是一种体系创新,综合了管理创新、技术创新以及管理和技术融合而带来的模式创新;智慧企业是一种机制变革,改变过去信息化、数字化、智能化建设去适应机制、适应流程、适应机构、适应岗位的模式,而是机制、流程、机构、岗位要随着信息化、数字化、智能化的推进而变革;智慧企业是一种最佳实践,是"传统"企业拥抱互联网,融入国家"互联网+"战略、落实创新发展理念和双创要求的最佳实践。

 扩展阅读

> **智慧企业案例**
>
> SAP如何用人工智能、区块链、物联网等先进技术帮助实现真正的智慧企业？这里分享两个真实案例。
>
> **1. 智慧养鸡**
>
> 作为一个农场主,最关心的莫过于自己的牲畜能否健康成长。禽类呼吸道疾病传播速度快,致死率高。它们会时常发生异常聚集,又容易造成踩踏事件等,从而造成大面积鸡群死亡。很多农场主遭受巨大的损失。据统计,中国市场一年就有1.5亿只小鸡因为生病死亡,15%的死亡率使农场主必须重视这个问题。而为了预防疾病和踩踏事件,传统的养殖场往往需要增派很多人手来监控鸡群。一方面,人工监控会带来一定的人力成本投入;另一方面,人工监控无法保证高实时性,很难覆盖24小时。以上情况不仅使养殖场管理人员头疼,也会导致相关险种赔付率和赔付金额居高不下,同时查勘定损的手段相对原始、低效。
>
> SAP智慧养鸡场创新解决方案,可以通过识别农场中小鸡鸡群发出的声音,对声音进行机器学习识别,可以进行疾病的监测和识别,判断鸡群是否得了呼吸道疾病。快速进行干预和治疗,以免造成损失。同时,通过图像视频识别的算法,我们可以让农场主在视频中看到鸡群是否发生了异常聚集,并联合环境监测数据分析异常聚集的原因,让管理人员及时采取措施。预测精度可高于90%。不仅小鸡获救了,农场主避免了损失,提高了产能,保险公司也降低了赔付率,提高了客户黏性。真是一举三得。
>
> **2. 物联网车队管理**
>
> 仓库优化和场内的车队管理是息息相关的两个话题。传统的仓库订单拣选为顺序执行,存在着效率不高的问题。库存中的各种货物胡乱堆放,没有一个统一的安排和优化提升。作为仓库的拣货工作人员,往往浪费了大量的时间在寻找货物上。没有做很好的拣货排列和货物位置规划。仓库中没有按照品类、数量、使用频率等信息进行有规则的排列。这让很多仓库的工作效率非常低下。本方案起源于与德国某超市客户的联合创新项目,其目标在于优化仓储的拣货流程。为每一个资源合理分配仓库订单,并计算订单与库存商品的最佳执行顺序,目标是达到最短的空车行驶距离。该方案可以模拟比对优化前后的场景与执行效果。帮助客户优化

仓库操作,减少仓库内的空车行驶,提高执行仓库订单的准时率,为每一个资源都分配了最好的仓库执行流程和最佳执行序列。

这个方案可以与 SAP EWM、VehicleInsight 结合,展现智慧的仓储管理和订单执行,综合判断轨迹和车辆的利用率,合理地优化仓库执行流程使企业真正成为智能化的管理生物。

(资料来源:www.sap.cn)

第四节 智慧财务

一、什么是智慧财务

近几年,越来越多企业开始建设财务共享服务平台。以互联网技术为依托,将集团公司分散、重复的基础财务业务与集团各子公司的财务工作分离,汇集至高度集中的财务组织中,以积极推动集团公司不同地区的子公司在统一平台上提供统一财务标准与专业的业务服务,实现资源集中共享,降低运营成本,加强风险控制,提高企业盈利能力,服务集团总体战略蓝图。大数据、云计算、人工智能和区块链的发展,为财务职能的价值创造和模式转变提出全新挑战的同时也创造了机遇。

智慧财务是在传统财务数字化的基础上发展改革的,为企业赋能,以提高会计信息质量、提高会计工作效率、降低会计工作成本、提升会计合规能力和价值创造能力,促进企业财务在管理控制和决策支持方面为目标的新型财务管理体系。

智慧财务颠覆了传统业务和财务流程,打破了企业间的物理壁垒,打造出有利于价值提升的一体化模式,并将适应新的商业模式和市场竞争模式,为企业的创新变革提供新的动能,满足企业各种管理需求。

(一) 内外联动的财务管理新模式

随着企业发展,在企业的内部管理方式上,出现了很多与传统模式所不同的新状态,不论是战略生态的转变还是组织管理的调整,都对企业成长的新型价值观产生了不同程度的影响。面对变化,财务管理要能够及时迅速为企业提供财务数据的相应辅助。企业财务要学会借助相应管理工具,结合多方数据和多种管理工具,减轻旧有传统财务管理的工作,把财务部门建成一个有数据价值的中心,来更好地为企业服务。

(二) 运营模式智能化

建立智能化财务运转模式,可以很好地整合财务职能,由此精减业务流程,优化企业财务价值链条。在智能化环境下，财务管理不再是一项单独的活动，而是与企业经营紧密联系在一起，融合在市场调研、项目开发、售后服务多个环节中，在维系企业整体运转的过程中发挥着重要作用。

（三）智慧财务的优势

智慧财务的应用，是企业财务管理工作的整体流程逐步规范，高度的自动化模式成功减轻了财务工作人员的工作量，使得财务信息采集和处理变得更加便捷，降低了企业在此方面的运行成本。与此同时，智慧财务实现了财务工作系统的有效共享，搭建了财务部门与企业其他部门之间互动的平台，使得财务部门可以从其他部门及时获得需要的信息，进而整合为可利用的会计信息。

（四）智慧财务的发展要点

对于智慧财务来说，财务有四大方面能力需要提升。

1. 感知能力

对于财务部门来说了解数据并集中应用数据，实现实时数据存储和远程集中监控，提升企业的感知监控能力。

2. 预测能力

应用多种方法预测，如收集整理数据、预测性统计模型及算法、根本业务原因分析、预警及建议措施、有效行动方案等，利用数据建立相应的数据模型，并开展相关预测工作并提供管理决策。

3. 优化协同能力

面向操作，实现自动化、移动化协同操作管理，包括流程优化改进和数字化业财协同。

4. 监控分析能力

通过预测模型深入分析优化流程，数据整合和标准化、特征变量抽取、聚类分析、异常预测预警等方式，通过智能分析的手段，去提供分析决策的工具并综合平衡，最终实现整个财务领域的发展。

二、财务的数字化发展三阶段

第一个阶段是数字财务，主要目标是实现财务的可视化、提高工作效率，核心是利用大量的数据信息，进行应用数据的信息化和自动化。

第二个阶段是智能财务，就是根据预先设定的规则，智能分析并调整财务数据，达到自动预警及风险管控，从而实现降本增效。

第三个阶段是智慧财务，智慧财务实际上的目标是希望通过智能数据分析并优化业务流程，以此达到融合，提供业财联动分析决策及管控效果。

现在财务组织经营模式是金字塔结构,最底层有一个财务工厂,即共享服务中心和外包,中间是卓越中心去提供数字化赋能,同时与业务部门的伙伴有一些连接,最后由首席财务官进行决策。而未来的财务经营模式是菱形结构,会更加细化和智能化。首先是财务工厂将更加智能、更加细化,包括首席财务官要利用新技术,要达到业财融合,即业务与财务的融合,将业务伙伴提升至战略级关系。

财务在组织、职能、能力转变和提升之后,则会形成新时代的生态圈。在这里,业务合作伙伴、战略支持者、财务价值创造者、运营效率优化者等都会发生转变:第一,预算要精准地转变;第二,控本,要向"事前"控制进行转变;第三,服务要向智慧转变;第四,业财要向融合转变;第五,发展向生态转变。

形成这五个转变,能够帮助企业更好地从数字财务向智慧财务转变,智能财务进一步发展到智慧财务的新阶段。

三、推动转型的技术

(一) 高级数据分析和预测能力

要善于利用业财融合,从财务统计分析到决策,在这个中间要搭建相应的数据模型,利用数据分析去推动预测的职能发展。未来的财务人员,可能更多的是管理职能,给业务人员提供业财一体的经营决策支持。

(二) 机器人流程自动化

财务部门是应用信息流程自动化中先天性最适合的部门。因为财务部门很多规则相对比较明确,财务数据也十分庞杂,利用机器人流程自动化能够降本增效,简单的工具能够大量释放劳动力,让财务资源能够转向高阶发展。利用机器人流程自动化,能够在信息化的庞大系统间建立起连接的功能。更大程度上碎片化数据的整合。

(三) 云和 SaaS 服务

对于很多财务部门来说,比如说提供 SaaS 服务,第一,可以降低大量成本,可以不用自己费工夫就能搭建一套庞大的 IT 系统,才能快速拥抱新科技。第二,利用 SaaS 服务灵活的容量,可以更好地提供数据整理和决策支持。

(四) 新一代的 ERP

新一代 ERP 都在进行一些改变,这些转变都在尝试更好地为企业提供服务。

(五) 区块链

区块链实际上先天就能够解决一些财务问题,未来有一天是不需要审计的,审计是要去确保财务的真实、完整、准确,那么如果所有财务数据都在链上的话,就能够先天解决了这个问题。

四、智慧财务的体系架构

财务智慧体系架构是从一个目标一个整体的中心目标,建立以供应链、价值链为核心,实现价值为导向的全流程优化,为不同层级管理人员提供智能的决策支持。具体下来有两个融合:一个是业财的融合,一个是管理数据和控制数据的融合。同时,建立三个层面,提升四方面的水平。

为了实现一个整体的建设目标和具体的三个方向,要从三个层面来做。第一,底层需要建立相关数据的平台,从业务数据、财务数据、市场数据、外部数据等进行搭建,能够近距离地接触和感知最前线的业务变化。第二,在此基础上,对流程进行再造,利用相关数据的分析能力,对一些应用场景持续改进和优化流程。第三,提升感知能力、预测能力、监控能力和优化能力,最终达到智慧的决策。智慧决策在不同的场景下可以实现,包括在营销方面、运营方面、财务方面、风控方面等。

第一,构建愿景信息目标。机器人目标一定要跟集团各个事业部的愿景和战略目标保持一致,要选定关键的业绩增长点,比如说市场或者营销,依托这些关键的增长点再进行场景化建设。

第二,坚实技术夯实基础。一个好的技术战略对财务来说至关重要,但是更重要的是夯实数据的基础。财务数字化智慧财务的第一步应该是数字财务,要连接不同的数据需要提供相应的系统和工具,才能提升数据的分析和预测能力。

第三,人才投资。数字化财务需要两个关键,一个是科技,另一个是人才。对于不同的复合型人才,要擅长投资来为财务职能带来赋能。

第四,财务部门未来不是孤立的部门,是和业务融合起来的。要跟各个业务的伙伴沟通和协调,这样才能达到最好的效果。

智慧财务的核心在于:使用自动化技术与数据科学为财务部门提供数据,为业务提供决策支持,引领企业战略、产品与运营创新。因此,企业想要在市场中取得足够的竞争优势,财务部门必须深刻理解并践行智慧财务体系,迎接财务的变革。

智慧财务的建设需借鉴国内外同业领先实践,基于金融科技发展趋势与未来数字化转型要求,为企业提供智慧财务体系建设服务,帮助客户优化财务组织架构、流程与制度、系统与数据,构筑战略决策、业务驱动、数据经营、科技赋能四项能力,推动智慧财务转型落地。

本 章 小 结

现代的企业运营就是管理加上信息化,所谓信息化就是IT技术和IT技术的管理。

企业信息化的发展：初级信息化阶段、内部信息化阶段、内部信息化资源整合阶段、企业外部资源利用整合阶段和电子商务与协同商务阶段。

企业资源规划从 MRP 发展到 ERP，经历了几个周期过程。第一阶段即物料需求计划阶段，也称作基本 MRP 阶段；第二个阶段是作为一种生产计划与控制系统的闭环 MRP 阶段；第三个阶段是作为一种企业生产管理信息系统 MRP Ⅱ 阶段；第四个阶段是发展成覆盖供应链信息集成的企业资源计划的 ERP 阶段。

智慧企业是建立在数据驱动基础上整体呈现人工智能特点的人机协同企业。智慧财务是在传统财务数字化的基础上发展改革的，为企业赋能，以提高会计信息质量、提高会计工作效率、降低会计工作成本、提升会计合规能力和价值创造能力，促进企业财务在管理控制和决策支持方面为目标的新型财务管理体系。

 课后案例

浪潮全闪存储为鞍钢智慧财务提速

云计算、大数据、AI、5G 等数字技术，驱动千行百业智慧化变革，我们已步入数字经济时代，数字经济的本质是数据驱动，数据成为关键生产要素。企业数字化转型的进程中，财务部门扮演着重要角色，是推动企业转型和制定战略决策的关键。如何通过智慧财务解决钢铁企业业财一体化、项目精细化管控的管理难点，鞍钢核心财务共享平台数据存储建设过程和建设成果，为智慧财务引领钢铁企业数字化转型提供了典范。

1. 数字新时代，鞍钢智慧财务正当时

作为中央直管大型企业之一，鞍钢被誉为"新中国钢铁工业的摇篮"，在企业数字化转型浪潮中，鞍钢一直以来十分重视信息化基础设施建设和智慧化转型工作。

智慧财务是依托数据中心等信息技术，综合应用大数据等先进数字化手段，推动实现传统财务向数据共享和信息传输自动化以及智慧化的财务变革，最大程度发挥财务数据价值。建立新型的集成化、标准化、流程化财务核算体系的数据存储系统，赋能集团财务共享平台，完善财务功能，提升财务能力，加快财务转型，实现一流的管理，对鞍钢这样的中央直管大型企业来说亦具有重要意义。

智慧财务，一方面能加强财务管理智能化水平，提升企业整体运营效率和可靠性；另一方面，财务智能化能够推动业务发展，使财务渗透到业务环节并重新解构企业业务，为业务部门提供高质量的数据信息，为企业管理层真正赋能。

2. 浪潮存储，助力释放数据要素价值

工信部 2021 年 11 月印发的《"十四五"大数据产业发展规划》明确提出，要建立数据价值体系,健全市场要素规则。根据《企业会计信息化工作规范》,分公司、子公司数量多,分布广的大型企业、企业集团应当探索利用信息技术促进会计工作的集中,逐步建立财务共享服务中心。

鞍钢集团在中国划定的国民经济20个门类中占到18个之多,自身法人层级多,管理链条长,管控难度大,并且信息化程度不均衡。伴随着企业不断发展壮大,多领域、跨领域业务经营增多,鞍钢集团急需进一步提升自身管理手段,推进中央企业转型发展。

在此背景下,鞍钢集团的财务工作面临着诸多业务痛点,比如行业众多、地域分散、会计核算规则等难以统一、财务核算系统不统一。由于财务数据分散在各个核算系统,财务人员经常要加班加点。因此,鞍钢集团瞄准自身财务工作痛点,按照《企业会计信息化工作规范》的要求,希望通过建立财务共享服务中心,实现加强集团管控、提高工作效率、优化配置资源、共享财务数据等目标,推动企业实现高质量发展。

3. 浪潮存储

浪潮存储针对鞍钢集团财务共享平台核心高负载业务的需求,提升其数据存储端的整体承载能力,部署采用全新NVMe架构、全闪优化算法和智能Inview管理平台的企业级中端全闪存储系统HF5000G5,带来更低时延、更高性能、更强弹性扩展以及更简化管理能力。很好地满足了鞍钢集团财务共享服务中心数据库OLTP/OLAP、虚拟化、文件共享等各种应用下的数据存储、容灾、双活、备份等业务需求,为企业提供超高性能的数据存储服务。

业务连续性是所有企业特别看重的指标。浪潮HF5000G5采用Active-Active架构、关键部件全冗余设计,同时配合可靠的数据保护方案,保障99.9%的高可靠性,保障鞍钢集团财务工作不间断运行。浪潮智能统一存储管理平台InView实现内外部存储资源的统一管理,大大降低企业的总成本。此外,浪潮HF5000G5还支持智能云分层,可以实现公有云、混合云和私有云等多种云的对接,如AWS、Azure、浪潮云、阿里云及OpenStack等,提供云缓存、云容灾和云备份等功能,有效保障数据安全,助力企业客户加速上云。

客户表示:"部署浪潮全闪存储之后我们的财务系统收账、核算之类的报表生成时间从过去的40分钟缩短到20分钟以内,平均信息查询时间缩短了60%,从整体上提升了平台用户的使用感受。"信息化带来的是财务管理的高效快捷,例如资金结算、日常报销等可在几分钟内完成,去除人为因素影响,大大提高了数据的真实准确性。

浪潮存储为鞍钢集团建立建成财务共享服务中心量身打造解决方案,明显改善集团财务服务体验,提高信息化程度,增强员工对业务的感知能力,真正帮助客户做到核算流程、标准、操作平台统一,实现会计制度规范、财务管理有价值,保障了鞍钢集团在钢铁制造行业专属财务平台领域的数据管理优势。

(资料来源:http://www.gdcenn.cn/a/202204/547692.html)

思考题

1. 根据此浪潮提供的鞍钢解决方案谈智慧财务的发展要点。
2. 以鞍钢案例探讨企业转型为智慧企业的关键战略步骤。

课后调研

◇ 访问"智慧工厂系统-IBM"网页(https://www.ibm.com/cn-zh/industries/),阅读其提供的制造企业客户案例和解决方案,撰写案例分析报告。
◇ 访问用友网站(https://www.yongyouzw.com/),调研其提供的数智化财务管理解决方案,对比 SAP 同类产品,撰写报告。
◇ 探讨"熄灯工厂"对制造业的影响,调研此类工厂发展现状,评价其社会影响,撰写调研报告。

第八章　商业新态

 引入阅读

盒马鲜生的新零售模式

盒马鲜生是一家主要经营食品这个大品类的全渠道体验店，门店完全按全渠道经营的理念来设计，完美实现了线上线下的全渠道整合。

盒马鲜生凭借着集"生鲜超市＋餐饮体验＋线上业务仓储配送"于一体的开创性零售模式，让广大消费者得到了全新的购物体验。盒马鲜生的商品有生鲜、海鲜、3R 产品（生食、熟食、半熟食）、无人售货商品（如使用自动比萨机、自动果汁机销售的商品）等。盒马鲜生门店内设餐厅区，消费者在店内选购了海鲜等食材之后还可以即买即烹，直接在现场制作，门店会提供就餐区给消费者。这种做法深受消费者欢迎，提升了到店客流的转化率，带动了整个客流的高速增长。

除了支持消费者在线下门店内"逛吃"，盒马鲜生的线上体验也同样不凡。盒马鲜生通过电子价签等新技术手段，可实现线上线下同品同价；基于门店自动化物流设备，确保了门店的分拣效率。消费者使用 APP 下单后，只要位于门店方圆 3 千米内，30 分钟内即可收到货物。

盒马鲜生这种商业模式完美诠释了"线上＋线下＋物流"的最初构想，利用大数据、移动互联网、物联网等技术实现了"人、货、场"的最佳匹配。盒马鲜生不仅一出现就成了人们眼中的"网红店"，还为传统超市的转型升级提供了参考样本。

（资料来源：https://zhuanlan.zhihu.com/p/508819678）

 扩展阅读

人工智能时代的购物新体验

想象一下这样的场景:你正准备出门接孩子放学。当你抓起钥匙时,咖啡桌上的语音助手提醒说:"牛奶明天就喝光了,今天的酸奶特价1.19元。你想在附近超市以5.35元的价格一起下单购买吗?"假如你回答"是",那么语音助手就会帮你确认订单。15分钟之内,商品就能准备齐全,当你从学校返回家时,就能直接从路边取件了。

上述场景其实并没有想象中那么遥远。亚马逊、Facebook、谷歌和苹果正在加速消费者期待方面的研究以及进行技术上是否可行的尝试。

回应型零售已经发展到了顶峰,我们即将进入预测型零售商业时代。对于零售商来说,是时候在人们产生需求的确切瞬间,帮助他们找到相应的产品——甚至是在他们形成这种意识之前——无论消费者是否登录了购物网站,是否准备好点击屏幕上的购买按钮。这种商业模式的转移,要求我们设计出一种全新的体验,这种体验要将对人类行为的理解与大规模自动化、数据整合相融合。

1. 机器学习的价值

零售业巨头采用机器学习的算法来预测需求和设定价格。假设你正在出差,突然意识到自己忘了带手机充电器。为了能在会议开始前用上,你就不得不考虑重新买一个。在这种情况下,一家电子产品零售商很有可能会根据这一情况,预测你还想要一副新耳机。考虑到你明天晚上还要搭乘航班,它会推荐你购买一副消音耳机,这副耳机兼顾了亚马逊上的定价、Best Buy店内的库存量以及快递费用。

为了实现这一层面的预测,技术人员要做到能够从动态的海量数据中识别出微妙的模式。这些数据集包括:消费者的购物历史、产品偏好、购物清单,竞争对手的定价和库存,以及当前和未来的产品需求。这是人工智能和机器学习发挥作用的地方,也是许多公司正积极投资的领域。

2. 发挥互联设备和数据的潜能

预测型零售将在不同场景下激发消费者的购买欲望——购物前、购物中和购物后。商业已经逐渐成为日常生活中的有机部分,不再是一种强行买卖。

新一代智能助手和互联设备将通过学习用户习惯、识别行为模式和环境模式,来使得消费体验更具预测性。互联设备将获取用户日常交互产生的数据,对可能发生的交易及其时机作出精准预测。

> 在预测消费者行为和满足个体需求方面,零售店中的互联设备还有巨大潜力。许多零售商早已使用智能手机关注顾客动态,以及进行特定的商品推荐。现在,生物识别技术、身份验证技术和位置传感器的进步,将能够使零售商在综合考虑各个因素后为消费者提供个性化推荐,比如根据消费者的心情、花多少时间浏览商品,以及刚从公司下班还是刚健身完等。
>
> **3. 拥抱以人为本的设计**
>
> 预测型零售的未来需要我们为商业设计出一个新的生态系统。这些系统将会依人而建,而非局限于一个特定的设备,或单纯关注线上和线下的体验。这些系统需要整合人情纽带和叙事手法、空间设计和环境,以及许许多多的数据。
>
> 在人工智能驱动的基础上提高预测能力,将会为企业的发展带来巨大潜力。想象一下,手机可以直接连接实体店的橱窗,为你展示个性化的内容。例如,手机上会推荐展示为爱人准备的生日礼物或度假装备,而所有推荐都是根据你在社交媒体上关注的图片和品牌进行个性化定制而得来。通过连接多方的数据和以用户为本进行个性化定制,零售商能创造相关性更高的购物体验,让消费者不由自主地进入实体店、登录网站或点APP进行购物。重要的是,它们能提前预测出消费者的需求。
>
> (资料来源:www.hbrchina.org)

第一节 新零售

一、网络零售

(一)什么是网络零售

网络零售(e-Retail)是指通过互联网或其他电子渠道,是针对个人或者家庭的需求销售商品或者提供服务。网络零售是指交易双方以互联网为媒介进行的商品交易活动,即通过互联网进行的信息的组织和传递,实现了有形商品和无形商品所有权的转移或服务的消费。买卖双方通过电子商务(线上)应用实现交易信息的查询(信息流)、交易(资金流)和交付(物流)等行为。网络零售也称网络购物,包括B2C和C2C两种形式。

网络零售的经营方式主要有两种:一种是纯网络型零售企业;另一种是传统零售企业触网,将传统业务与电子商务互相整合。

网络零售为消费者选择最低价格的商品和服务提供了可能,只需点击鼠标即可完成购物,减少了购物时间,也免去了购物中心的嘈杂、拥挤,使消费者享受悠闲自在、随心所欲的高质量的服务。网络零售打破了时间限制,还打破了地域限制,使消费者有条件购买全球商品。

(二) 新形势下的压力

尽管网络零售有着便利、经济等优势,但随着经济的快速发展,近年来,传统电商也显露出一些发展瓶颈。

1. 线上零售遭遇天花板

虽然线上零售一段时期以来替代了传统零售的功能,但经过近年来的全速前行,传统电商由于互联网和移动互联网终端大范围普及所带来的用户增长以及流量红利正逐渐萎缩,传统电商所面临的增长"瓶颈"开始显现,全国网上零售额的增速显出下滑趋势。

2. 线上获客优势不再

线上获客成本不断上升,与此同时线下边际获客成本几乎不变,且实体零售进入整改关键期,因此导致的线下渠道价值正面临重估。

3. 新技术的推力

移动支付等新技术促进了线下场景智能终端的普及,以及由此带来的移动支付、大数据、虚拟现实等技术革新,进一步开拓了线下场景和消费社交,让消费不再受时间和空间制约。

4. 新消费群体的崛起

年轻、受过良好教育、追求自我提升的新消费群体具有新的消费观,理性化倾向明显。他们对于高质量的商品和服务,愿意付出更高的价格。相对于线下实体店给顾客提供商品或服务时所具备的可视性、可听性、可触性、可感性、可用性等直观属性,线上电商缺乏真实场景和良好购物体验的现实路径,不能满足人们日益增长的对高品质、异质化、体验式消费的需求。

传统电商发展的天花板已现,对于电商企业而言,唯有变革才有出路。探索运用"新零售"模式来启动消费购物体验的升级,推进消费购物方式的变革,构建零售业的全渠道生态格局,必将成为企业实现自我创新发展的又一次有益尝试。

二、新零售概念

(一) 什么是新零售

新零售(New Retailing),即企业以互联网为依托,通过运用大数据、人工智能等先进技术手段,对商品的生产、流通与销售过程进行升级改造,进而重塑业态结构与生态圈,并对线上服务、线下体验以及现代物流进行深度融合的零售新模式。

2016年11月11日,国务院办公厅印发《关于推动实体零售创新转型的意见》明确了推动我国实体零售创新转型的指导思想和基本原则。同时,在调整商业结构、创新发展方式、促进跨界融合、优化发展环境、强化政策支持等方面作出具体部署。《意见》在促进线上线下融合的问题上强调:"建立适应融合发展的标准规范、竞争规则,引导实体零售企业逐步提高信息化水平,将线下物流、服务、体验等优势与线上商流、资金流、信息流融合,拓展智能化、网络化的全渠道布局。"

(二) 新零售的本质

阿里研究院在《C时代新零售——阿里研究院新零售研究报告》中提到,新零售是"以消费者体验为中心的数据驱动的泛零售形态"。报告重点强调了零售活动中的三大要素——场(景)、货(或服务)、人(或机构)将因为"新零售"的到来而进行重构,从"货—场—人"转变为"人—货—场"。可以认为新零售的本质就是重构"人、货、场",来提升购物体验,提高经营效率。那么,要如何重构"人、货、场"呢?

1. 人

"人"是变革核心。在零售中,"人"不仅是顾客,还是导购,也就是买的人与卖的人。解决两者间的关系,就能在"人"的问题上找到突破口。一般情况下,大多数商家都是坐等顾客上门进店,随机关系黏性不强。当商家应用开通微信会员卡等手段与顾客建立连接时,初级的弱关系随即产生。但是,在大数据时代,消费者数字化程度高、购物路径多元化,随机关系和弱关系已然不足以支撑顾客与商家间的黏性。此时,在商家、导购与消费者间则需要借助APP等建立实时互动双线交流的强关系。将随机关系转化为弱关系甚至强关系,效益会有很大变化。

2. 货

如今,商家不再是售卖现货与自家货,还可以预售、卖他家货,以多样化商品满足消费者千人千面的选择。同时,消费者消费的不仅是商品本身,还有高性价比的组合商品,甚至是高品质的内容。

3. 场

由于互联网和移动智能设备的普及,消费方式碎片化,商家需要全渠道布局消费者的购物路径,提供丰富的购物场所与场景来优化消费者的购物体验。一方面,不断丰富消费者接触的零售端,部署多样的购物场所;另一方面,打通全渠道的零售端,构建多元的消费场景,满足顾客跨渠道、无差别的购物体验。例如,线上消费可以在门店体验或者退换货,线下下单也能配送到家。

(三) 新零售特征

1. 生态性

"新零售"的商业生态构建将涵盖网上页面、实体店面、支付终端、数据体系、物流平台、营销路径等诸多方面,并嵌入购物、娱乐、阅读、学习等多元化功能,进而推动企业线上服务、线下体验、金融支持、物流支撑等四大能力的全面提升,使消费者对购物过程便利性与舒适性的要求能够得到更好满足,并由此增加用户黏性。当然,以自然生态系统思想指导而构建的商业系统必然是由主体企业与共生企业群以及消费者所共同组成的,且表现为一种联系紧密、动态平衡、互为依赖的状态。

2. 无界化

企业通过对线上与线下平台、有形与无形资源进行高效整合,以"全渠道"方式清除各零售渠道间的种种壁垒,模糊经营过程中各个主体的既有界限,打破过去传统经营模式下所存在的时空边界、产品边界等现实阻隔,促成人员、资金、信息、技术、商品等的合理顺畅流动,进而实现整个商业生态链的互联与共享。依托企业的"无界化"零售体系,消费者的购物入口将变得非常分散、灵活、可变与多元,人们可以在任意的时间、地点以任意的可能方式,随心尽兴地通过诸如实体店铺、网上商城、电视营销中心、自媒体平台甚至智能家居等一系列丰富多样的渠道,与企业或者其他消费者进行全方位的咨询互动、交流讨论、产品体验、情景模拟以及购买商品和服务。

3. 智慧型

"新零售"商业模式得以存在和发展的重要基础,正是源于人们对购物过程中个性化、即时化、便利化、互动化、精准化、碎片化等要求的逐渐提高,而满足上述需求则在一定程度上需要依赖于"智慧型"的购物方式。可以肯定,在产品升级、渠道融合、客户至上的"新零售"时代,人们经历的购物过程以及所处的购物场景必定会具有典型的"智慧型"特征。智能试装、隔空感应、拍照搜索、语音购物、VR逛店、无人物流、自助结算、虚拟助理等图景都将真实地出现在消费者眼前甚至获得大范围的应用与普及。

4. 体验式

随着我国城镇居民人均可支配收入的不断增长和物质产品的极大丰富,消费者主权得以充分彰显,人们的消费观念将逐渐从价格消费向价值消费进行过渡和转变,购物体验的好坏将愈发成为决定消费者是否进行买单的关键性因素。现实生活中,人们对某个品牌的认知和理解往往会更多地来源于线下的实地体验或感受,而"体验式"的经营方式就是通过利用线下实体店面,将产品嵌入到所创设的各种真实生活场景之中,赋予消费者全面深入了解商品和服务的直接机会,从而触发消费者视觉、听觉、味觉等方面的综合反馈,在增进人们参与感与获得感的同时,也使线下平台的价值得以进一步发现。

三、新零售的实施维度

(一) 线上维度

线上,在"新零售"生态体系中肩负着商家与消费者双方的信息收集、整理、反馈与决策等重要职能,同时也承担了支付、交流等渠道功能,是零售数字化改造的主阵地,扮着优化交易过程的重要角色。

当前,众多商业企业实施"新零售"战略的主要目标之一,就在于为顾客提供能够尽可能摆脱特定时间、空间和形式束缚的全新购物方式,实现在不同购买渠道和支付手段下亦能获得一致性的价格、服务与权益,进而时时处处都能满足顾客在整个消费过程中的购买、社交、休闲、娱乐等各种需求。

(二)线下维度

线下,是支撑"新零售"生态体系的基础性平台,扮演着优化体验过程的重要角色,商家围绕提升消费者购物体验的一系列举措大多以其为依托来推进实施。"产品＋服务＋场景＋体验"四位一体的线下平台会为消费者呈现出一幅"产品个性化、服务精细化、场景多样化、体验内容化"的全新购物图景。通过对线下平台的升级改造,将传统零售单一而孤立的平面化销售方式嵌入到多维而立体的用户消费场景之中,构建以真实生活场景为体验入口的零售生态体系。

(三)物流维度

从消费者角度看,物流的好坏在很大程度上直接影响着消费者的购物体验和购物决策。从企业角度看,新零售商业模式要求的线上线下一体化必须有高效、智能、精确、协同、环保的智慧化物流解决方案作为支撑,从而达到提高商品配送效率、降低运营成本以及减少甚至消灭库存的理想状态。

在以价值消费为主的"新零售"时代,线上线下相互交融,消费者在线下店面体验,在线上平台下单,所购买的商品将依托智慧物流体系完成快速精准送达,整个购物过程的各个环节实现无缝衔接。因此,依托于大数据、物联网、人工智能、高精度地图定位等新兴技术的智慧化物流在上述"新零售"商业场景中扮演着极为关键的角色。

新零售可总结为"线上＋线下＋物流",其核心是以消费者为中心的会员、支付、库存、服务等方面数据的全面打通。

四、科技赋能新零售

(一)新科技助力消费者体验的全面升级

购物体验将成为新零售能否成功的关键。例如,在一家大型连锁超市里,从货架摆放、陈列位置到顾客的服务环境,顾客想要获得怎样周到且贴心的服务,都将会通过大数据分析进行体现,并利用人工智能优化以提高市场竞争力。

(二)新科技实现供应链的高效协同与高效管理

新零售业务中可以使用大数据技术来实现供应链协同创新。在物流方面可以利用物联网以及大数据技术去改善企业供应链中的运作效率;在金融方面主要通过线上线下业务结合来满足融资需求;在终端可以通过射频、AI等技术提供实时数据。从而能够更加全面地了解消费者的需求并及时作出反馈以提高消费者的满意度,提高供应链协同效率。

(三) 利用新技术转变经营模式

通过人工智能技术在零售行业中的应用,实现了经营模式向新模式的转变。如运用AI技术帮助零售企业对数据进行分析,建立零售企业大数据中心,并对大数据进行深度挖掘,对消费者进行个性化的数据分析,通过智能技术提供更多样化的产品,提高产品质量和性能,增加销售。

(四) 开展全渠道运营的智慧营销

利用云计算、大数据等技术在业务流程中嵌入智能管理,实现销售管理的数字化,建立起顾客与商品的连接。新零售模式下商家可以利用互联网和大数据从多方面着手进行改革,建立以消费者需求为导向的全渠道营销模式。

(五) 构建新的消费场景及消费方式

新零售将线下顾客转变为线上用户,打通线上渠道,提供更多的服务体验。零售商通过与消费者多维度交互来创造出更加贴合用户需求的产品与服务。让消费者有更多方式、更加深入地体验到零售行业带来的很多惊喜和变化。如线下门店和线上业务数据相结合、用户消费需求挖掘及提升等。

第二节 跨境电商

一、跨境电商概况

(一) 跨境电商概念

跨境电商(全称是"跨境电子商务")作为一种国际贸易新业态,是将传统国际贸易加以网络化、电子化,以电子技术和物流为主要手段,以商务为核心,把传统的销售、购物渠道移到网上,打破国家与地区间有形和无形的壁垒,因其能减少中间环节,节约成本等优势,在全世界范围内迅猛发展。跨境电商概念可按广义和狭义理解。

1. 跨境电商(广义)

广义上,跨境电商基本等同于外贸电商,是指分属于不同关境的交易主体,通过电子商务的手段将传统进出口贸易中的展示、洽谈、成交等环节电子化,并通过跨境物流送达商品、完成交易的一种国际商业活动,既包含 B2B 模式,也包含 B2C 模式;同时,随着互联网的发展,产生了 C2C 模式。

2. 跨境电商(狭义)

狭义上,跨境电商基本等同于跨境零售,是指分属于不同关境的交易主体,借助计算机网络达成交易、进行支付结算,并采用快件、小包等方式通过跨境物流将商品送达消费者手中的交易过程,即 B2C 模式。

(二) 发展意义

跨境电子商务作为推动经济一体化、贸易全球化的技术基础,具有非常重要的战略意义。跨境电子商务不仅冲破了国家间的障碍,使国际贸易走向无国界贸易,同时它也正在引起世界经济贸易的巨大变革。

对企业来说,跨境电子商务构建的开放、多维、立体的多边经贸合作模式,极大地拓宽了进入国际市场的路径,大大促进了多边资源的优化配置与企业间的互利共赢;对于消费者来说,跨境电子商务使他们非常容易地获取其他国家的信息并买到物美价廉的商品。

(三) 跨境电商四环节

要做跨境电商就会涉及跨境电商平台、跨境电商物流、跨境电商支付和跨境电商 ERP 系统四个环节。

1. 跨境电商平台

跨境电商平台是买卖双方进行交易的互联网平台,目前主流的跨境电商平台有亚马逊、ebay、速卖通、wish、Shopee 和 Lazada 等,不同平台的用户群体略有不同,需要根据实际情况选择。

2. 跨境电商物流

跨境电商物流是国际物流的一种,指通过海运、空运或陆运的形式将商品从一个国家邮寄到另一个国家。目前国内的跨境物流主要有直邮和海外仓,直邮是指卖家直接从自己的所在国境发货到国外消费者手上,运输时间比较长;海外仓是指提前将商品运送到物流商的海外仓库,国外买家下单后直接从当地的仓库发货,运输时间比较短。

3. 跨境电商支付

是指当买卖双方在不同国家进行交易时,买家用当地货币付款,跨境支付机构会把货款结转为卖家所在地的货币再交到卖家手中。跨境电商支付会涉及境外收单、收款和结售汇等环节。

4. 跨境电商 ERP 系统

跨境电商 ERP 系统能够为跨境电商卖家提供店铺管理、利润分析、智能补货、智能定价等服务,将海量的店铺交易数据聚集在一起,更直观地知晓店铺的营业情况、产品情况和用户情况,让卖家能够专注于数据分析和优化营销推广。

(四) 国内现状

在过去的 2022 年,我国跨境电商依旧保持快速增长的态势。据中华人民共和国海关总署数据,2021年中国跨境电商进出口规模达到1.98万亿元,同比增长15%,其中出口1.44万亿元,增长24.5%。在"以国内大循环为主体、国内国际双循环相互促进"的新发展格局下,跨境电商已经成为中国贸易重要的新形态。

我国跨境电子商务主要分为B2B和B2C的贸易模式。B2B模式下,企业运用电子商务以广告和信息发布为主,成交和通关流程基本在线下完成,本质上仍属传统贸易,纳入海关一般贸易统计。B2C模式下,我国企业直接面对国外消费者,以销售个人消费品为主,物流方面主要采用航空小包、邮寄、快递等方式。这里的跨境电商范围包含如图8-1虚线框内所示。

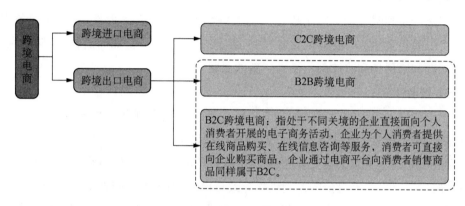

图8-1 跨境电商模式

二、跨境电商的商务特征

跨境电商是基于网络发展起来的,网络空间相对于物理空间来说是一个新空间,是一个由网址和密码组成的虚拟但客观存在的世界。网络空间独特的价值标准和行为模式深刻地影响着跨境电子商务,使其不同于传统的交易方式而呈现出自己的特点。

(一) 全球性和非中心化

互联网是一个没有边界的媒介体,具有全球性和非中心化的特征。依附于互联网发生的跨境电子商务也因此具有了全球性和非中心化的特性。

互联网用户不需要考虑跨越国界就可以把产品尤其是高附加值产品和服务提交到市场。网络的全球性特征带来的积极影响是信息的最大程度的共享,消极影响是用户必须面临因文化、政治和法律的不同而产生的风险。任何人只要具备了一定的技术手段都可以让信息进入互联网,相互联系进行交易。

基于虚拟空间展开的贸易,丧失了传统交易方式下所具有的地理因素,制造商或者商家容易隐匿其驻地,而消费者对他们的驻地是不关心的。所以很难界定交易发生地，互联网交易的这种特性为税务机关对超越一国的在线交易行使税收管辖权带来了困难。

（二）无形性

互联网的发展使数字化产品和服务的传输盛行，数字化传输是通过不同类型的媒介，例如数据、声音和图像在全球化互联网环境中集中而进行的，这些媒介在网络中是以计算机数据代码的形式出现的，因而是无形的。

电子商务是数字化传输活动的一种特殊形式，其无形性的特性使得税务机关很难控制和检查销售商的交易活动。

数字化产品和服务基于数字传输活动的特性也必然具有无形性，在电子商务中，无形产品可以替代实物成为交易的对象，如何界定该交易的性质、如何监督、如何征税等一系列的问题却给税务和法律部门带来了新的课题。

（三）匿名性

由于跨境电子商务的全球性和非中心化的特性，因此很难识别电子商务用户的身份和其所处的地理位置。在线交易的消费者往往不显示自己的真实身份和自己的地理位置，但重要的是这丝毫不影响交易的进行，互联网的匿名性也允许消费者这样做。

在虚拟社会里，隐匿身份的便利迅疾导致自由与责任的不对称。人们在这里可以享受最大的自由，却只承担最小的责任，甚至干脆逃避责任。这显然给税务机关制造了麻烦，税务机关无法查明应当纳税的在线交易人的身份和地理位置，也就无法获知纳税人的交易情况和应纳税额，更不要说去审计核实。

电子商务交易的匿名性导致了逃避税现象的恶化，互联网的发展降低了避税成本，使电子商务避税更轻松易行。电子商务交易的匿名性使应纳税人利用避税地联机金融机构规避税收监管成为可能。电子货币的广泛使用，以及国际互联网所提供的某些避税地联机银行对客户的"完全税收保护"，使得纳税人可将其源于世界各国的投资所得直接汇入避税地联机银行，规避了应纳所得税。

（四）即时性

对于网络而言，传输的速度和地理距离无关。传统交易模式，信息交流方式如信函、电报、传真等，在信息的发送与接收间，存在着长短不同的时间差。而电子商务中的信息交流，无论实际时空距离远近，一方发送信息与另一方接收信息几乎是同时的，就如同生活中面对面交谈。某些数字化产品（如音像制品、软件等）的交易，还可以即时清结，订货、付款、交货都可以在瞬间完成。

即时性提高了交易的效率，免去了传统交易中的中介环节，但也隐藏了法律危机。在税收领域表现为：这种即时性往往会导致交易活动的随意性，这就使得税务机关难以掌握交易双方的具体交易情况。

(五) 无纸化

电子商务主要采取无纸化操作的方式,这是以电子商务形式进行交易的主要特征。无纸化带来的积极影响是使信息传递摆脱了纸张的限制,但由于传统法律的许多规范是以规范"有纸交易"为出发点的,因此,无纸化带来了一定程度上的法律混乱。

电子商务以数字合同、数字时间截取了传统贸易中的书面合同、结算票据,削弱了税务当局获取跨国纳税人经营状况和财务信息的能力,且电子商务所采用的其他保密措施也将增加税务机关掌握纳税人财务信息的难度。在某些交易无据可查的情形下,跨国纳税人的申报额将会大大降低,从而引起征税国国际税收流失。

(六) 快速演进

随着基于互联网的电子商务活动的快速发展,电子商务零售业的兴起,数字化产品和服务花样出新,不断改变着人类的生活。

而一般情况下,各国为维护社会的稳定,都会注意保持法律的持续性与稳定性,税收法律也不例外。这就会引起互联网的超速发展与税收法律规范相对滞后的矛盾。如何将分秒都处在发展与变化中的网络交易纳入税法的规范,是税收领域的一个难题。

跨国电子商务具有不同于传统贸易方式的诸多特点,而传统的税法制度却是在传统的贸易方式下产生的,必然会在电子商务贸易中漏洞百出。互联网深刻影响着人类社会,也给税收法律制度带来了前所未有的冲击与挑战。

三、我国跨境电商发展的驱动与挑战

(一) 我国跨境电商发展的宏观驱动

1. 中国品牌崛起的时代机遇

随着科学与技术的突破性发展,贸易全球化推动中国企业迈向国际舞台。早年中国发挥劳动力人口优势,出口高性价比商品并在国际市场产生巨大吸引力。而后随着中国工程技术能力不断提升,引进海外先进技术并加以落地,为我国出口商品提供了稳定的技术保障。消费者的关注点从商品功能价值逐渐向情感和认同价值转移,设计师的创意及艺术设计为消费者带来一定程度的自我彰显与满足。如今先行优质中国品牌在海外树立起良好口碑,国际消费者对中国品牌的认知和购买意向也在逐渐增加,中国制造走向中国品牌是必由之路,如图 8-2 所示。

2. 政策发展完善

跨境电商政策和规范的建立,以及开放程度的规定是跨境电商发展的重要基础。我国跨境电商政策发展经历了三大阶段:政策萌芽期、政策发展期和政策爆发期。2020 年受疫情影响后,跨境电商成为推动外贸转型升级、打造新经济增长点的重要突破口,获得

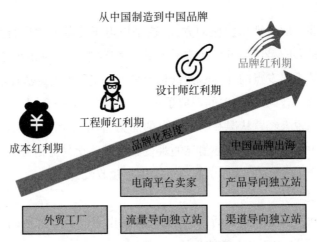

图 8-2 中国企业各阶段的跨境贸易

了众多政策的支持。2021年,跨境电商在"十四五"时期开启了重要的战略发展机遇。规划目标包括支持跨境电商和海外仓的发展;到2025年,使跨境电商等新业态的外贸占比提高至10%;到2025年,力争培育100家左右的优秀海外仓企业,并依托海外仓建立覆盖全球、协同发展的新型外贸物流网络;加快发展跨境电商,鼓励建设海外仓,保障外贸产业链供应链顺畅运转。

3. 综合试验区不断扩增

跨境电子商务综合试验区是中国跨境电子商务先行先试的试验田。在2015年3月批准设立中国(杭州)跨境电子商务综合试验区之后,国务院先后于2016年1月、2018年7月、2019年12月和2020年4月在天津、上海、苏州、洛阳、南宁、长沙、芜湖、湛江、绵阳、营口等城市和地区,总共分5批设立了105个跨境电商综合试验区。2022年初,国务院批复同意在鄂尔多斯等27个城市和地区设立跨境电子商务综合试验区。目前我国共有165个跨境电商综试区,覆盖31个省区市,苏浙粤鲁地级市全覆盖,向中部和西部倾斜,在全国范围形成陆海内外联动、东西双向互济的发展格局。

(二)我国跨境电商发展的挑战

1. 大多跨境电商业务集中在头部电商平台

据2020年Statista数据,全球消费者的首选跨境电商平台中,26%为亚马逊,19%为速卖通,11%为eBay。跨境电商平台行业集中度高,头部平台掌握双边市场数据,消费者数据不流通,跨境电商卖家不完全掌握平台数据,在进行广告投放等推广策略时,高度依赖平台所给的数据,处于行业被动地位。此外,亚马逊等跨境电商平台本身既是交易空间的管理者,也是交易市场的参与者。凭借平台的品牌效应以及便利的配套物流服务,平台自营在与跨境电商卖家的竞争关系中占领上风。

2. 高涨的海运费大幅提升跨境卖家的物流成本压力

近年来,跨境电商行业呈现稳步发展的态势。然而海运费用快速上涨,给跨境卖家的物流成本带来巨大压力。

3. 合规化推动跨境电商行业的洗牌

在全球经贸摩擦加剧的大环境下,跨境电商行业正在经历来自国际贸易层面、知识产权层面和平台层面的合规化约束,一批批为提高营收利润选择铤而走险打"擦边球"的跨境电商企业在合规化的浪潮中被快速淘汰。快速精准了解各类合规政策,在合规前提下重铸良性商业闭环,成为了当下跨境电商行业参与者必须面对的重要问题。

第三节 移 动 电 商

一、移动电商概况

移动电子商务(移动电商)也称无线电子商务,是指在无线平台上开展的电子商务。移动电商是电子商务的一个新分支,同时也是电子商务的整合与扩展。在移动电商时代,原有电子商务的技术支撑、业务流程和商业应用都会实现有线向无线的扩展与完善,可以说,移动电商是电子商务发展的新形式。

(一)移动电商的概念和特点

1. 移动电商的概念

移动电子商务是指通过智能手机、平板电脑等手持移动终端从事的商务活动。它将互联网、移动通信技术、短距离通信技术及其他信息处理技术相结合,使人们可以在任何时间、任何地点进行各种商贸活动,实现随时随地、线上线下的购物与交易。

移动电商由电子商务衍生而来。传统的电子商务主要终端是个人计算机(PC),是"有线的电子商务",而移动电商的主要终端是智能手机、个人数字助理(PDA)这些可以装在口袋里的可移动终端。由于移动设备的快速普及,与传统通过个人计算机平台开展的电子商务相比,移动电商拥有更为广泛的用户基础。2013年,我国随着移动互联网的发展和智能手机的普及,移动端网民红利带动新兴移动电商发展。2015年移动交易规模占比超过PC端标志着移动电商时代正式到来。

随着移动互联网的发展,移动设备的升级,LBS、二维码技术和可穿戴设备的广泛应用,许多新功能得到开发,也带来了消费模式的变化。移动网购有着与PC网购的不同之处,如表8-1所示。

表 8-1　PC 网购和移动网购的区别

基于 PC 的网购	基于移动设备的网购
大屏,可呈现多种信息	小屏,可呈现信息有限,所以对精准推荐要求较高
PC 元素较为传统,多为文字、图片、视频、音频等	移动端特性得到充分开发,如 LBS、摄像头等识别技术
受体积等因素限制,新型探索较少	通过可穿戴设备感知将虚拟和现实空间结合,提升购物体验

2. 移动电商的特点

(1) 方便。

移动终端小巧易携带,既是一个移动通信工具,又是一个移动 POS 机,一个移动的银行 ATM 机。用户可在任何时间、任何地点进行电子商务交易和办理银行业务,包括支付。

(2) 不受时空控制。

移动商务是电子商务从有线通信到无线通信、从固定地点的商务形式到随时随地的商务形式的延伸,移动用户可随时随地获取所需的服务、应用、信息和娱乐。用户可以在自己方便的时候,使用移动设备查找、选择及购买商品或其他服务。

(3) 安全。

使用手机银行业务的客户可使用银行可靠的密钥,对信息进行加密,传输过程全部使用密文,确保了安全可靠。

(4) 具有开放性和包容性。

移动电子商务因为接入方式无线化,使得任何人都更容易进入互联网,从而使网络范围延伸更广阔、更开放;同时,使网络虚拟功能更带有现实性,因而更具有包容性。

(5) 潜在用户规模大。

因为价格优势,全球智能手机用户数超过了 PC 用户,消费用户群体更广泛。所以移动电子商务不论在用户规模上,还是在用户消费能力上,都优于传统的电子商务。

(6) 易于推广应用。

移动通信所具有的灵活、便捷的特点,决定了移动电子商务更适合大众化的个人消费领域,比如:自动支付系统,包括自动售货机、停车场计时器等;半自动支付系统,包括商店的收银柜机、出租车计费器等;日常费用收缴系统,包括水、电、煤气等费用的收缴等;移动互联网接入支付系统,包括登录商家的站点购物等。

(7) 场景化和碎片化。

在网购的众多场景中,家庭和工作地点代表着完整的时间和固定 PC 网端,上下班路上和公共娱乐场所代表着碎片化的时间和移动网端。2010 年移动电商兴起后,用户消费行为场景开始转移,场景越来越丰富,时间越来越碎片化。

二、移动电商的实现技术和方式

(一)移动电商的实现技术

随着移动互联网的迅速发展,电子商务也进入了各种移动终端设备中。互联网、移动通信技术和其他技术的完美结合创造了移动电子商务,实现移动电子商务的技术(协议)如下。

1. 无线应用协议

无线应用协议(WAP)是一个全球性的开放协议。无线应用协议定义可通用的平台,把目前互联网上 HTML 语言的信息转换成用无线标记语言(WML)描述的信息,显示在移动手机或其他手持设备的显示屏上。无线应用协议不依赖某种网络而存在,不过随着传输速率变快,协议标准也会随之升级。

2. 蓝牙技术

蓝牙(Bluetooth)是一种无线数据和语音通信开放的全球规范,它是基于低成本的近距离无线连接,为固定和移动设备建立通信环境的一种特殊的近距离无线技术连接。蓝牙使当前的一些便携移动设备和计算机设备能够不需要电缆就能无线接入互联网。

3. 移动定位系统技术

移动定位是指通过特定的定位技术来获取移动手机或终端用户的位置信息(经纬度坐标),在电子地图上标出被定位对象的位置的技术或服务。定位技术有一种是基于 GPS 的定位,另一种是基于移动运营网的基站的定位,此外还有利用 Wi-Fi 在小范围内定位的方式。

基于位置的服务(LBS),就是利用这个定位技术来获取定位设备当前所在位置,通过移动互联网向定位设备提供信息资源和基础服务的。

4. 4G、5G 移动通信系统

4G 即第四代通信系统,集 3G 与无线局域网于一体,能够传输高质量视频图像,功能比 3G 更先进,频带利用率更高,传输速度更快。5G 即第五代通信系统。互联网的快速发展,对网络速度产生了更高的要求,5G 技术相比 4G 技术,其峰值速率增长数十倍,从 100 Mbit/s 提高到数十 Gbit/s。

5. 二维码技术

二维码是用特定的几何图形按一定规律在平面(二维方向上)分布的黑白相间的矩形方阵,以记录数据符号信息的新一代条码技术。其具有信息量大、纠错能力强、识读速度快、全方位识读等特点。二维码是移动互联网最强大的入口,还可用于显示产品相关信息。

此外,RFID、云计算、大数据与物联网等技术也都被有效结合进移动电商应用中。

(二)移动电商的实现方式

按移动电商的实现方式,可以分为以下两种:

1. 远程电商

移动电商中的"远程电商"是指传统电商通过 PC 端的购物方式自然转化为通过移动终端的购物方式。远程电商的购物方式是对传统电商购物方式的延伸,远程电商与传统电商购物的品类可完全重合,差异之处在于购物终端的不同与购物应用软件的不同。传统电商是通过浏览器购物,移动电商是通过 APP 购物,很多电商网站都推出了各自的移动 APP 来吸引消费者。

2. 近场电商

移动电商中的"近场电商"是在"移动支付中的近场支付"与"O2O 中的本地化服务"共同发展下衍生出来的一个便于理解的概念。近场电商就是指通过移动终端选择本地化服务的消费场所,最后可以通过近场支付进行消费。

三、移动电商的服务与创新

(一)移动电商的服务

移动电子商务常用来提供以下服务:

1. 银行业务

移动电子商务使用户能随时随地在网上安全地进行个人财务管理,进一步完善网络银行体系。用户可以使用其移动终端核查其账户、支付账单、进行转账以及接收付款通知等。

2. 交易

移动电子商务具有即时性,因此非常适用于股票等交易应用。移动设备可用于接收实时财务新闻和信息,也可确认订单并安全地在线管理股票交易。

3. 订票

通过互联网预订机票、车票或入场券已经发展成为一项主要业务,其规模还在继续扩大。互联网有助于方便核查票证的有无,并进行购票和确认。移动电子商务使用户能在票价优惠或航班取消时立即得到通知,也可支付票费或在旅行途中临时更改航班或车次。借助移动设备,用户可以浏览电影剪辑、阅读评论,然后订购邻近电影院的电影票。

4. 购物

借助移动电子商务,用户能够通过其移动通信设备进行网上购物。即兴购物会是一大增长点,如订购鲜花、礼物、食品或快餐等。传统购物也可通过移动电子商务得到改进。例如,用户可以使用电子钱包等具有安全支付功能的移动设备,在商店里或自动售货机上进行购物。

5. 娱乐

移动电子商务有丰富的娱乐服务。用户不仅可以从他们的移动设备上收听音乐，还可以订购、下载或支付特定的曲目，并且可以在网上与朋友们玩交互式游戏，还可以游戏付费，并进行快速、安全的竞猜和游戏。

6. 无线医疗

医疗产业的显著特点是每一秒钟对病人都非常关键，在这一行业十分适合于移动电子商务的开展。在紧急情况下，救护车可以作为进行治疗的场所，而借助无线技术，救护车可以在移动的情况下同医疗中心和病人家属建立快速、动态、实时的数据交换，这对每一秒钟都很宝贵的紧急情况来说至关重要。

(二) 移动电商的创新

1. 全渠道、线上线下融合

移动电商时代，消费者的需求和网购发展环境均有较大改变，消费需求方面，一方面消费者希望在任何时间、地点，在任何场景下，通过任何方式，都可以买到想要的商品和服务，且是一致性的商品、服务；另一方面由于商品供大于求，商家追求增量，单一渠道发展的增量空间有限，需要线上和线下布局全渠道发展。比如，线上线下互相导流，吸引实体店访客线上购买，或吸引线上浏览用户实体店消费。

市场营销从"传播性"走到"互动性"，货架销售从"展示货品"变成"提供内容"，商品供应链反应速度要从"期货模式"走到"快时尚模式"。线上线下两套不同的运营体系，售卖的商品和服务体验割裂，导致品牌商在增加线上销量的同时并没有降低成本，线上渠道增加销售后的规模效应不能产生。所以，线下消费体验和线上购物便利的双向需求带来线上和线下购物期望值的融合一致，这种线上线下融合是新零售时代的重要特征。只有依靠全渠道、线上线下融合，才能打造持续性的品牌价值。

2. 社交化分享式新营销

移动社交和自媒体爆发，电商走向去中心化新模式。与传统电子商务企业通过一个平台聚集所有商家和流量的中心化模式不同，去中心化的电子商务模式是以微博、微信等移动社交平台为依托，通过自媒体的粉丝经济模式的分享传播来获取用户，消费者的购买需求会在人们碎片化的社交场景中被随时激发。例如，某服装销售平台网开设红人街频道，融合了社交、内容及直播等新型营销方式，达人分享服饰搭配并通过与粉丝的互动引导用户消费。

3. 内容化、粉丝化和场景化推广

从搜索到推荐，用户对精准内容要求越来越高。移动电商时代，用户的消费路径和习惯发生了很大的变革，消费需求场景化，移动购物模式多样化。内容化、粉丝化和场景化成为吸引流量的新方式，各大移动电商网站纷纷布局内容营销。

内容化，消费路径和习惯发生较大变革，优质内容成为最强大的流量生产器。过去，电子商务消费增量时代，传统消费路径是购物需求产生流量；现在存量时代，移动消费路径则是靠内容推荐产生流量。

粉丝化，意见领袖的引导作用越来越大。随着社交媒体的发展，消费者希望关注意见领袖或者明星网红，并且和他们产生互动；名人身份背书产生品牌效应，作为某一领域的明星，本身具有强烈的品牌效应，通过自身的品牌背书使得消费者产生购买信赖感。

场景化，根据消费者当下的场景需求提供对应的产品或服务。从流量运营转变为人群运营，提升买卖相关度。从消费者的观点出发，根据消费者当下的场景需求提供对应的产品或服务。人群定位精准，推送产品精准，买卖相关度提高，产生巨大销售量。

4. 垂直品类经济或人群经济的兴起

移动电商提供愈加精准的服务。随着经济快速发展，人民生活水平提高，各方面消费力量兴起。一方面，很多细分用户成为消费新动力；另一方面，用户更加注重商品品质，更多选择符合自身特征的商品。在此基础上，基于特定品类和特定人群的垂直经济成为新的发展趋势。

5. 大数据成为移动电商核心驱动引擎

互联网上的数据每年迅猛增长，且增速处于逐渐加速状态。随着互联网计算处理技术的成熟，大数据应用到各行各业，用以提升营销和运营效率。移动电商流量红利渐失，大数据成为新的利益推动点，精准匹配供求信息、个性化推荐、用户偏好预测、优化页面、提升运营效率。

大数据掌握用户消费全过程，可以对用户进行精准画像，并根据画像提供个性化推荐，开展个性化营销；可以提供及时、动态的行业上下游数据以及其他相关数据，企业可以据此调整供应链和营销策略，提高决策的科学性和准确性；可以根据竞争对手及消费者偏好数据，进行网站优化，比如，优化商品布局、优化页面布局和优化价格安排等，来提升运营效率和用户体验。

本 章 小 结

新零售，即企业以互联网为依托，通过运用大数据、人工智能等先进技术手段，对商品的生产、流通与销售过程进行升级改造，进而重塑业态结构与生态圈，并对线上服务、线下体验以及现代物流进行深度融合的零售新模式。新零售的本质就是重构"人、货、场"，来提升购物体验，提高经营效率。新零售的实施维度可分为线上维度、线下维度和物流维度。

广义上，跨境电商基本等同于外贸电商，是指分属于不同关境的交易主体，通过电子商务的手段将传统进出口贸易中的展示、洽谈、成交等环节电子化，并通过跨境物流送达商品、完成交易的一种国际商业活动，既包含 B2B 模式，也包含 B2C 模式；同时，随着互联网的发展，产生了 C2C 模式。

跨境电商涉及跨境电商平台、跨境电商物流、跨境电商支付和跨境电商 ERP 系统四个环节。我国跨境电商发展挑战与机遇并存。

移动电子商务是指通过智能手机、平板电脑等手持移动终端从事的商务活动。它将互联网、移动通信技术、短距离通信技术及其他信息处理技术相结合，使人们可以在任何时间、任何地点进行各种商贸活动，实现随时随地、线上线下的购物与交易。随着移动互联网的发展、移动设备的升级，LBS、二维码技术和可穿戴设备的广泛应用，许多新功能得到开发，也带来了消费模式的变化。

课后案例

存活率仅 1% 的独立设计师品牌，靠新零售逆势增长

随着新消费群体的崛起，设计师品牌正被越来越多年轻人所青睐。然而回顾本土设计师品牌的发展历程，一直以来都是在困境中艰难求生。每年国内有数以万计的独立设计师品牌诞生，但能够存活下来的不足 1%。

究其原因，一方面是国内市场尚处于培育发展阶段，渠道和供应链不成熟，产品质量良莠不齐，消费者端与品牌端信息极不对称；另一方面，电商竞争导致线下门店客流量骤减。

危机之下，独立设计师行业也积极寻求出路。比如，有些商家会借助活动引流到店，扭转生意困局，成立于 2003 年的中国十佳设计师品牌谜底便是一个典型。这个将产品风格定位于当代复古主义的时尚设计师品牌，因门店众多、会员部人力短缺导致大量用户处于沉睡状态，再加上组织层级复杂等因素叠加，造成门店流量下滑明显。

在这样的局势下，谜底选择与有赞新零售（一家基于 SaaS 的电商服务商）联手。基于谜底对会员运营和导购管理的强诉求，有赞新零售团队给出了经营一体化、会员数字化、会员精细化的解决方案。结果，谜底很快便实现了逆势突围，沉睡会员激活率同比增长 6%，导购执行率同比增长更是高达 90%。

具体操作中，谜底尤其重视"会员精细化"，并联合有赞摸索出了一套"三步走"战略，即激活沉睡会员、实时追踪活动和激励导购店员。

一、激活沉睡会员

互联网人口红利消失的当下，独立设计师品牌挖掘一个新客户的成本，已是维护老客户的7倍。所以谜底将目光聚焦在老客户身上，并对其进行用户画像分析。最后，团队发现在企微私域池但超过180天未复购的客户群体更可能被召回，原因有两点：与短信相比，企业微信的触达成本更低，且导购与顾客还存在强绑定的企微好友关系，转化率也更高；对服装行业的中高客单品类会员而言，离店180天后回购率将急剧衰减，因此在该期间内做折扣召回的性价比最高。

锁定营销对象后，谜底团队再以团券折扣为钩子，引起会员关注度。通过一整套办法，团券的核销率高达50%。

二、实时追踪活动

活动开始后，团队必须实时追踪任务情况和执行，优化流程。而在该过程中，商家容易遭遇以下三个问题：单次人群任务中，需人工再创建计划才能拆解会员的后续行为，导致转化率低；难以跟进导购执行节点，致使活动覆盖转化率低；企业内部的系统缺乏关联性，导致消费者核券体验差，财务对账烦琐和导购业绩统计易出错。

针对这些问题，有赞新零售为谜底提供了营销画布、导购助手、融合舱等数字化工具。首先，谜底利用营销画布功能，可再次跟踪后链路人群行为，实现二次营销转化；其次，大区经理借助有赞导购助手，可查看导购明细业绩，主动催办跟进完成率；最后，活动数据可通过融合舱实时回流有赞商城CRM，便于总部进行数据分析。

三、激励导购店员

新零售模式中，导购是消费者与门店建立联系的第一道桥梁，然而令无数商家焦虑的是，导购的销售能力和主动性参差不一，如果不能有效维护用户，会导致品牌客户流失。

为解决这个问题，谜底重点做了三件事。首先，制定惩罚措施。保证导购两天内达成100%的转发率。其次，导购可借助有赞导购助手和营销画布功能，再次关怀回访用户，实现转化率的提升。最后，举办导购大赛。大区实时公布导购卖券排行，推动导购参与力与执行力的提升。

相比线上渠道，实体店能够让用户对品牌和商品形成更强烈的感知，最大限度凸显独立设计师品牌的原创性，所以即便到了新零售时代，线下实体店依旧是设计师品牌的重要销售渠道。

> 复盘谜底的关键动作，不难发现，重视老客户和导购的价值，积极转型新零售是提升线下门店流量的关键抓手。打破"火不过三年"行业魔咒的谜底，已用切身实践为迷茫中的设计师品牌上了一课：不是实体店没有未来，而是传统的实体店没有未来。
>
> （资料来源：https://news.iresearch.cn/yx/2022/12/457116.shtml）

 思考题

1. 本案例中"谜底"品牌是如何完成"人、货、场"重构实现新零售转型的？
2. 在本案例中，有赞新零售提供了哪些服务？请给予说明并评价其作用。

 课后调研

◇ 调研 TikTok Shop 跨境电商平台如何引导入驻商家不断优化经营方案及策略，推动自身产品及相关生态完善服务，模拟一个跨境电商企业，规划业务开展计划。

◇ 调研亚马逊人工智能线下零售店 Amazon Go 的业务流程，分析其消费者数据应用情况，撰写报告。

◇ 调研天猫布局 O2O，是如何提升全渠道运营能力，如何利用其大数据优势来打造立体生态格局的。从商家的角度，分析评价其全渠道解决方案。

第九章　数智化社会

引入阅读

元宇宙到底是什么?

1992年,美国著名科幻大师尼尔·斯蒂芬森在其小说《雪崩》中这样描述元宇宙:"戴上耳机和目镜,找到连接终端,就能够以虚拟分身的方式进入由计算机模拟、与真实世界平行的虚拟空间。"2021年,元宇宙无疑成为了科技领域最火爆的概念之一。

那么,元宇宙到底是什么?为何各大数字科技巨头纷纷入局元宇宙?

1. 元宇宙目前尚无公认定义

准确地说,元宇宙不是一个新的概念,它更像是一个经典概念的重生,是在扩展现实(XR)、区块链、云计算、数字孪生等新技术下的概念具化。

当然,核心概念缺乏公认的定义是前沿科技领域的一个普遍现象。可以认为元宇宙是在传统网络空间基础上,伴随多种数字技术成熟度的提升,构建形成的既映射于现实世界又独立于现实世界的虚拟世界。同时,元宇宙并非一个简单的虚拟空间,而是把网络、硬件终端和用户囊括进一个永续的、广覆盖的虚拟现实系统之中,系统中既有现实世界的数字化复制物,也有虚拟世界的创造物。

其基本特征包括:沉浸式体验,低延迟和拟真感让用户具有身临其境的感官体验;虚拟化分身,现实世界的用户将在数字世界中拥有一个或多个ID身份;开放式创造,用户通过终端进入数字世界,可利用海量资源展开创造活动;强社交属性,现实社交关系链将在数字世界发生转移和重组;稳定化系统,具有安全、稳定、有序的经济运行系统。

2. 受到科技巨头、政府部门的青睐

2021年8月以来,元宇宙概念更加盛行,日本社交巨头GREE宣布将开展元宇

宙业务、微软在 Inspire 全球合作伙伴大会上宣布了企业元宇宙解决方案。一些国家的政府相关部门也积极参与其中。2021年5月18日,韩国科学技术和信息通信部发起成立了"元宇宙联盟",其目标是打造国家级增强现实平台,并在未来向社会提供公共虚拟服务。

3. 元宇宙为何能受到科技巨头、风险投资企业、初创企业,甚至政府部门的青睐?

从企业来看,目前元宇宙仍处于行业发展的初级阶段,无论是底层技术还是应用场景,与未来的成熟形态相比仍有较大差距,但这也意味着元宇宙相关产业可拓展的空间巨大。因此,数字科技领域初创企业要获得弯道超车的机会,就必须提前布局元宇宙赛道。

从政府来看,元宇宙不仅是重要的新兴产业,也是需要重视的社会治理领域。政府希望通过参与元宇宙的形成和发展过程,以便前瞻性考虑和解决其发展所带来的相关问题。

4. 在技术、标准、法律等方面做好前瞻性布局

为了加快推动元宇宙从概念走向现实,并在未来的全球竞争中抢占先机,我国应在技术、标准、法律3个方面做好前瞻性布局。

从技术方面来看,技术局限性是元宇宙目前发展的最大瓶颈,XR、区块链、人工智能等相应底层技术距离元宇宙落地应用的需求仍有较大差距。元宇宙产业的成熟,需要大量的基础研究做支撑。应鼓励相关企业加强基础研究,增强技术创新能力,稳步提高相关产业技术的成熟度。

从行业标准方面来看,只有像互联网那样通过一系列标准和协议来定义元宇宙,才能实现元宇宙不同生态系统的大连接。对此,应加强元宇宙标准统筹规划,引导和鼓励科技巨头之间展开标准化合作,支持企事业单位进行技术、硬件、软件、服务、内容等行业标准的研制工作,积极地参与制定元宇宙的全球性标准。

从法律方面来看,随着元宇宙的发展,应加强数字科技领域立法工作,在数据、算法、交易等方面及时跟进,研究元宇宙相关法律制度。

我们更需要理性看待当前的元宇宙热潮,推动元宇宙产业健康发展。

(资料来源:http://iqte.cssn.cn/cycg/qtcg/202109/t20210914_5359420.shtml)

从元宇宙新概念可以看出,一个平行于现实世界的数字世界,一个可回溯、可时控、可预测的数字虚拟世界是各方所期,新兴的科技正让它成为现实,助力人类社会的发展,数智化正渗透到我们周围的每个角落,改变着人们的工作、生活和社交。

第一节 金融科技

科技的迅猛发展深刻影响着金融业,依据科技对金融业的影响程度可以将其大致分为金融电子化阶段、互联网金融阶段和全面科技化阶段三个阶段。第一阶段是金融业务的计算机化,第二阶段是互联网与金融的结合创新,第三阶段则是云计算、大数据、人工智能和区块链等新兴技术与金融业全面融合的智能化进阶发展。

一、互联网金融

(一) 什么是互联网金融

互联网金融(ITFIN)就是互联网技术和金融功能的有机结合,依托大数据和云计算在开放的互联网平台上形成的功能化金融业态及其服务体系,包括基于网络平台的金融市场体系、金融服务体系、金融组织体系、金融产品体系以及互联网金融监管体系等,并具有普惠金融、平台金融、信息金融和碎片金融等相异于传统金融的金融模式。

互联网金融是传统金融机构与互联网企业利用互联网技术和信息通信技术实现资金融通、支付、投资和信息中介服务的新型金融业务模式。互联网与金融深度融合是大势所趋,将对金融产品、业务、组织和服务等方面产生更加深刻的影响。

当前互联网+金融格局,由传统金融机构和非金融机构组成。传统金融机构主要为传统金融业务的互联网创新以及电商化创新、APP 软件等,如工商银行网银 APP;非金融机构则主要是指利用互联网技术进行金融运作的电商企业、网络借贷平台、众筹模式的网络投资平台、手机理财 APP,以及第三方支付平台,如支付宝等。

互联网金融对促进小微企业发展和扩大就业发挥了现有金融机构难以替代的积极作用。促进互联网金融健康发展,有利于提升金融服务质量和效率,深化金融改革,促进金融创新发展,扩大金融业对内对外开放,构建多层次金融体系。

(二) 互联网金融的发展模式

1. 众筹

众筹大意为大众筹资或群众筹资,是指用团购预购的形式,向网友募集项目资金的模式。众筹的本意是利用互联网 SNS 传播的特性,让创业企业或个人向公众展示他们的创意及项目,争取大家的关注和支持,进而获得所需要的资金援助。

2. 第三方支付

第三方支付,狭义上是指具备一定实力和信誉保障的非银行机构,借助通信、计算机和信息安全技术,采用与各大银行签约的方式,在用户与银行支付结算系统间建立连接的电子支付模式。

从广义上讲第三方支付是指非金融机构作为收款人、付款人的支付中介所提供的网络支付、预付卡、银行卡收单以及中国人民银行确定的其他支付服务。第三方支付已不仅仅局限于最初的互联网支付，而是成为线上线下全面覆盖，应用场景更为丰富的综合支付工具。

3. 数字货币

除去蓬勃发展的第三方支付等形式，以比特币为代表的互联网数字货币也已经出现。以比特币为代表的数字货币爆发，比其他任何互联网金融形式都更具颠覆性。互联网货币形态成为对各国央行的挑战。

数字人民币是由中国人民银行发行的数字形式的法定货币，由指定运营机构参与运营并向公众兑换，以广义账户体系为基础，支持银行账户松耦合功能，与纸钞、硬币等价，具有价值特征和法偿性，支持可控匿名。

截至2022年12月17日，"数字人民币"APP显示，试点范围再次扩大。一方面，由此前的深圳、苏州、雄安新区、成都分别扩大至广东、江苏、河北、四川全省范围；另一方面，新增山东济南、广西南宁和防城港、云南昆明和西双版纳作为试点地区。至此，全国共有17个省级行政区全域或部分城市开展数字人民币试点。

4. 大数据金融

大数据金融是指集合海量非结构化数据，通过对其进行实时分析，可以为互联网金融机构提供客户全方位信息，通过分析和挖掘客户的交易和消费信息掌握客户的消费习惯，并准确预测客户行为，使金融机构和金融服务平台在营销和风险控制方面有的放矢。比如，在金融场景中，情感计算有助于了解客户的真实情感表达，可以收集客户情感信息、识别客户情感变化，并给出决策指导，对于提升金融企业的服务质量和效率，起到了重要的辅助作用，可应用在客户服务等场景中。

5. 数字化金融机构

所谓数字化金融机构，是指通过采用信息技术，对传统运营流程进行改造或重构，实现经营、管理全面电子化的银行、证券和保险等金融机构。金融信息化是金融业发展趋势之一，而数字化金融机构则是金融创新的产物。

从金融整个行业来看，银行的信息化建设一直处于业内领先水平，其数据集中工程除了基于互联网的创新金融服务之外，还形成了"门户""网银、金融产品超市、电商"的一拖三的金融电商创新服务模式。

6. 金融门户

互联网金融门户是指利用互联网进行金融产品的销售以及为金融产品销售提供第三方服务的平台。它的核心就是"搜索比价"的模式，采用金融产品垂直比价的方式，将各家金融机构的产品放在平台上,用户通过对比挑选合适的金融产品。

互联网金融门户多元化创新发展,形成了提供高端理财投资服务和理财产品的第三方理财机构,提供保险产品咨询、比价、购买服务的保险门户网站等。

(三)互联网金融的主要特点

互联网金融有以下特点(见表 9-1),对于其中的不足之处,需要从法律、政策、制度和技术等多方面入手完善规范和监管措施。

表 9-1 互联网金融的特点

成本低	互联网金融模式下,资金供求双方可以通过网络平台自行完成信息甄别、匹配、定价和交易,无传统中介,无交易成本,无垄断利润
效率高	互联网金融业务主要由计算机处理,操作流程完全标准化,客户不需要排队等候,业务处理速度更快,用户体验更好
覆盖广	互联网金融模式下,客户能够突破时间和地域的约束,在互联网上寻找需要的金融资源,金融服务更直接,客户基础更广泛,能覆盖到小微企业
发展快	依托于大数据和电子商务的发展,互联网金融快速增长
管理弱	一是风控弱,不具备类似银行的风控、合规和清收机制;二是监管弱,互联网金融监管和法律约束跟进滞后,缺乏行业规范
风险大	一是信用风险大,现阶段互联网金融的相关法律还有待配套;二是网络安全风险大,互联网安全问题导致的网络金融犯罪问题不容忽视

二、金融科技

(一)什么是金融科技

金融科技(Fintech),可以简单理解为 Finance(金融)+Technology(科技),指通过利用各类科技手段创新传统金融行业所提供的产品和服务,提升效率并有效降低运营成本。

根据金融稳定理事会(FSB)的定义,金融科技是基于大数据、云计算、人工智能、区块链等一系列技术创新,全面应用于支付清算、借贷融资、财富管理、零售银行、保险、交易结算等六大金融领域,是金融业未来的主流趋势。金融科技是对传统金融服务或业务进行改造和创新所产生的新兴金融产品、金融服务或金融模式。

(二)金融科技的发展动因

以大数据、云计算、人工智能、区块链以及移动互联为引领的新的工业革命与科技革命,会导致金融学科的边界、研究范式不断被打破和被重构。新兴科技导致金融行业发展模式转变的主要原因有以下两方面:

一方面是全球数据积累存量已达到引发新一轮行业变革的规模和水平,每年全球数据量继续保持高速增长,金融市场天然拥有海量标准化大数据,适合前沿科技应用落地。

另一方面是人工智能、云计算等在算法、算力方面的使用,以及诸如GPU、NPU等硬件技术的突破。科技改变金融业态,并成为未来金融发展的决定因素之一。金融科技正在传统金融行业的各个领域积极布局。

(三)金融科技的组成

金融科技涉及的技术具有更新迭代快、跨界、混业等特点,是多项数字化科技与金融业务与场景的融合。金融科技的组成包含四个核心部分,除了在互联网金融中已谈过的大数据金融,还包括人工智能金融、区块链金融和量化金融三部分,如图9-1所示。

图9-1 金融科技组成

1. 人工智能金融

主要借用人工智能技术处理金融领域的问题,包括股票价格预测、评估消费者行为和支付意愿、信用评分、智能投顾与聊天机器人、保险业的承保与理赔、风险管理与压力测试、金融监管与识别监测等。人工智能技术主要包括机器学习理论等前沿计算机科学知识,主要基于算法。

2. 区块链金融

区块链是一种去中心化的大数据系统,是分布式云计算网络的一种具体应用。区块链技术成为未来互联网的底层组织结构,会直接改变互联网的治理机制,导致互联网金融的智能化、去中心化,并产生基于算法驱动的金融新业态,成熟的区块链技术落地金融业,形成生态业务闭环,则金融交易可能会出现接近零成本的金融交易环境。但由于共识机制、私钥管理和智能合约等存在技术局限性和面临安全问题,区块链技术整合和应用落地仍有一段路要走。

3. 量化金融

以金融工程、金融数学、金融计量和金融统计为工具开展金融业务,它和传统金融最大的区别在于其始终强调利用数理手段和计量统计知识,定量而非定性地开展工作,其主要金融场景有高频交易、算法交易、金融衍生品定价以及基于数理视角下的金融风险管理等。

量化金融一直被视为是金融业高端资本与智力密集型领域,科技含量高,但近年,高频与算法交易、金融风险管理、保险精算越来越依靠实时、海量、高维和非结构化工业级大数据、人工智能技术以及区块链技术来解决问题或重构原有金融业务逻辑、产品设计流程、监管监测控制环节,使得金融决策更趋智慧化。

(四)金融科技的发展意义

金融的全面科技化是趋势,金融科技对我国金融行业发展具有多重意义。

1. 维护国家金融安全

金融安全是国家安全的重要组成部分。随着金融科技的快速发展,金融市场中收集和分析数据将更加容易,减少信息不对称,基于人工智能与大数据的交易和投资策略可以重新定义金融市场的价格发现机制,提升交易速度,促进金融市场的流动性,提升金融市场的效率和稳定性,监管机构可以更高效地分析、预警和防范金融市场的系统性风险。

2. 助力我国金融业"弯道超车"

金融科技中的智能金融技术,利用大数据及人工智能技术来帮助金融行业节省人力成本,减少员工重复劳动。我国人工智能技术研究中的一些领域,比如算法研究,已处于国际前列,借助这一力量发展金融科技,更有利于与实际问题相结合,最终提升金融机构生产效率。

3. 实现民生普惠

随着大数据金融、互联网金融以及区块链技术的推广普及,金融科技的应用和发展可以让更多的人尤其是贫困人口以更低成本、更为便捷地获得金融服务。

4. 助推"一带一路"建设

可以借助金融基础设施和科学信息技术管理,让"一带一路"沿线国家分享我国金融科技成果。比如,我国的移动支付已开始助力"一带一路"沿线国家经济与金融发展。不同国家文化及政治经济的差异,使得大数据的互联互通、金融与经济数据信息共享备受挑战,而解决这些难题的途径将是利用金融科技手段。

第二节 智慧物流

一、物流概述

(一)现代物流的概念

物流(Logistics)是包括运输、搬运、储存、保管、包装、装卸、流通加工和物流信息处理等基本功能的活动,它是由供应地流向接受地以满足社会需求的活动,是一种经济活动。

现代物流是以满足消费者的需求为目标,把制造、运输、销售等市场情况统一起来考虑的一种战略措施。这与传统物流把它仅看作是后勤保障系统和销售活动中起桥梁作用的概念相比,在深度和广度上有进一步的延展。

(二)物流的服务功能

物流的服务功能有基本功能和增值服务功能,如表9-2所示。

表 9-2 物流的服务功能

物流的基本功能	运输功能;储存功能;装卸功能;搬运功能;包装功能;加工功能;配送功能;信息处理功能
物流的增值服务功能	增加便利性的服务;加快反应速度的服务;降低成本的服务;延伸服务;供应链服务

二、物流管理

(一) 物流管理的概念

物流管理(Logistics Management)是指在社会再生产过程中,根据物质资料实体流动的规律,应用管理的基本原理和科学方法,对物流活动进行计划、组织、指挥、协调、控制和监督,使各项物流活动实现最佳的协调与配合,以降低物流成本,提高物流效率和经济效益。物流管理的实质不是创造价值,而是通过降低成本以提升利润的空间。现代物流管理是建立在系统论、信息论和控制论上的专业学科。

物流管理包括三个方面的内容:

(1) 对物流活动诸要素的管理,包括运输、储存等环节的管理。

(2) 对物流系统诸要素的管理,即对其中人、财、物、设备、方法和信息等六大要素的管理。

(3) 对物流活动中具体职能的管理,主要包括物流计划、质量、技术、经济等职能的管理等。

(二) 物流管理的划分

物流管理的划分有以下几种分类标准:

1. 宏观物流与微观物流

宏观物流是指社会再生产总体的物流活动,是从社会再生产总体的角度来认识和研究物流活动。宏观物流主要研究社会再生产过程物流活动的运行规律以及物流活动的总体行为。

微观物流是指消费者、生产者企业所从事的实际的、具体的物流活动。在整个物流活动过程中,微观物流仅涉及系统中的一个局部、一个环节或一个地区。

2. 社会物流和企业物流

社会物流是指超越一家一户的以整个社会为范畴,以面向社会为目的的物流。这种物流的社会性很强,经常是由专业的物流承担者来完成。

企业物流是从企业角度上研究与之有关的物流活动,是具体的、微观的物流活动的典型领域,它由企业生产物流、企业供应物流、企业销售物流、企业回收物流、企业废弃物流几部分组成。

3. 国际物流和区域物流

国际物流是指在生产和消费在两个或两个以上的国家（或地区）独立进行的情况下，为了克服生产和消费之间的空间距离和时间距离，而对物资（货物）所进行的物理性移动的一项国际经济贸易活动。

区域物流是相对于国际物流而言的概念，指一个国家范围之内的物流，如一个城市的物流、一个经济区域的物流均属于区域物流。

4. 一般物流和特殊物流

一般物流是指物流活动的共同点和一般性，物流活动的一个重要特点是涉及全社会的广泛性，因此物流系统的建立及物流活动的开展必须有普遍的适用性。

特殊物流是指在遵循一般物流规律基础上，带有制约因素的特殊应用领域、特殊管理方式、特殊劳动对象、特殊机械装备特点的物流。

三、电子商务与物流

（一）电子商务与物流的关系

在电子商务环境下，商流、资金流与信息流这三种流的处理都可以通过计算机和网络通信设备实现。物流，作为四流中最为特殊的一种，是指物质实体的流动过程。对于大多数商品和服务来说，物流仍要经由物理方式传输，因此物流对电子商务的实现很重要。电子商务对物流的影响也极为巨大。

（二）电子商务对物流的影响

由于电子商务与物流间密切的关系，从物流业的地位到物流组织模式，再到物流各作业、功能环节，都在电子商务的影响下发生巨大的变化。

1. 物流业的地位大大提高

物流企业会越来越强大，物流业成为社会生产链条的领导者和协调者，为社会提供全方位的物流服务。电子商务给物流业提供了空前的发展机遇。

2. 供应链管理的变化

在电子商务环境下，供应链实现了一体化，供应商与零售商、消费者三方通过互联网连在了一起，供应商可以及时且准确地掌握产品销售信息和顾客信息。此时，存货管理采用反应方法，按所获信息组织产品生产和对零售商供货，存货的流动变成拉动式，实现销售方面的零库存。

3. 第三方物流（3PL）成为物流业的主要组织形式

第三方物流是指由物流劳务的供方、需方之外的第三方去完成物流服务的物流运作方式。它在电子商务环境下得到极大发展，电子商务的跨时域性与跨区域性，要求其物流活动也具有跨区域或国际化特征；电子商务时代的物流重组需要第三方物流的发展。

4. 第四方物流(4PL)的出现

第四方物流是一个供应链集成商,调集和管理组织自己及具有互补性服务的提供商的资源、能力和技术,以提供一个综合的供应链解决方案。4PL服务供应商通过物流运作的流程再造,使整个物流系统的流程更合理、效率更高,从而将产生的利益在供应链的各个环节之间进行平衡,使每个环节的企业客户都可以受益。

基于新兴技术的数字物流,也称为"第五方物流",也被业界提出。它指在商贸的实际运作中应用数字技术去支持整个物流服务链,并且能组合成员协同为企业的物流需求提供高效服务。

四、智慧物流

(一) 智慧物流的概念

智慧物流是指通过智能软硬件、物联网、大数据等智慧化技术手段,实现物流各环节精细化、动态化、可视化管理,提高物流系统智能化分析决策和自动化操作执行能力,提升物流运作效率的现代化物流模式。利用集成智能化技术,使物流系统能模仿人的智能,具有思维、感知、学习、推理判断和自行解决物流中某些问题的能力。

2009年IBM就提出建立一个面向未来的具有先进、互联和智能三大特征的供应链,通过感应器、RFID标签、制动器、GPS和其他设备及系统生成实时信息的"智慧供应链"概念,将物联网、传感网与现有的互联网整合起来,通过精细、动态、科学的管理,实现物流的自动化、可视化、可控化、智能化、网络化,从而提高资源利用率和生产力水平,创造更丰富的社会价值的综合内涵。

(二) 智慧物流的特点

智慧物流具有如下三大特点：

1. 互联互通,数据驱动

所有物流要素实现互联互通,一切业务数字化,实现物流系统全过程透明可追溯;一切数据业务化,以"数据"驱动决策与执行,为物流生态系统赋能。

2. 深度协同,高效执行

跨集团、跨企业、跨组织之间深度协同,基于物流系统全局优化的智能算法,调度整个物流系统中各参与方高效分工协作。

3. 自主决策,学习提升

软件定义物流实现自主决策,推动物流系统程控化和自动化发展;通过大数据、云计算与人工智能构建物流大脑,在感知中决策,在执行中学习,在学习中优化,在物流实际运作中不断升级,学习提升。

(三) 智慧物流的基本功能

1. 感知功能

运用各种先进技术能够获取运输、仓储、包装、装卸搬运、流通加工、配送、信息服务等各个环节的大量信息。实现实时数据收集，使各方能准确掌握货物、车辆和仓库等信息。初步实现感知智慧。

2. 规整功能

感知之后把采集的信息通过网络传输到数据中心，用于数据归档，建立强大的数据库，使各类数据按要求规整，实现数据的关联性、开放性及动态性。并通过对数据和流程的标准化，推进跨网络的系统整合，实现规整智慧。

3. 智能分析功能

运用智能的模拟器模型等手段分析物流问题，根据问题提出假设。并在实践过程中不断验证问题，发现新问题。做到理论实践相结合。在运行中系统会自行调用原有经验数据，随时发现物流作业活动中的漏洞或者薄弱环节，从而实现发现智慧。

4. 优化决策功能

结合特定需要，根据不同的情况评估成本、时间、质量、服务、碳排放和其他标准，评估基于概率的风险，进行预测分析，协同制订决策，提出最合理有效的解决方案，使做出的决策更加准确、科学，从而实现创新智慧。

5. 系统支持功能

系统智慧集中表现于智慧物流，每个环节都能相互联系、互通有无，共享数据，优化资源配置的系统，从而为物流各个环节提供强大的系统支持，使得各环节协作、协调、协同。

6. 自动修正功能

在前面各个功能的基础上，按照最有效的解决方案，系统自动遵循最快捷有效的路线运行，在发现问题后自动修正，并且备案，方便查询。

7. 及时反馈功能

物流系统是一个实时更新的系统。反馈是实现系统修正、系统完善必不可少的环节。反馈贯穿于智慧物流系统的每一个环节，为物流相关作业者了解物流运行情况、及时解决系统问题提供保障。

(四) 智慧物流的意义

1. 降低企业物流成本

生产商、批发商、零售商三方通过智慧物流相互协作、信息共享，物流企业能更节省成本。其关键技术，如物体标识及标识追踪、无线定位等，能够智能管理、整合物流核心业务流程，降低成本，增加利润。

2. 推动物流产业集约化发展

智慧物流的建设,将加速当地物流产业的发展,集仓储、运输、配送、信息服务等多功能于一体,打破行业限制,协调部门利益,实现集约化高效经营,优化社会物流资源配置。同时,将物流企业整合在一起,发挥整体优势和规模优势,实现传统物流企业的现代化、专业化和互补性。

3. 提供企业智慧运营的融合基础

随着 RFID 技术与传感器网络的普及,物与物的互联互通,将给企业的物流系统、生产系统、采购系统与销售系统的智能融合打下基础,网络的融合产生智慧生产与智慧供应链的融合,企业物流智慧地融入企业经营中,打造智慧企业。

4. 节约消费者成本

智慧物流通过提供货物源头自助查询和跟踪等多种服务,比如,对食品类货物的源头查询,能够让消费者买得放心、吃得放心,在增加消费者的购买信心同促进消费,最终对整体市场产生良性影响。

5. 提高政府部门工作效率

智慧物流可全方位、全程监管生产、运输、销售,节省了相关政府部门的工作压力,使监管更彻底更透明。有助于精减政府机构,裁汰冗员,节省政府开支。

6. 促进地方综合竞争力提升

智慧物流集多种服务功能于一体,体现了现代经济运作特点的需求,即强调信息流与物质流快速、高效、通畅地运转,从而整合社会资源,降低社会成本,提高生产效率。

第三节 新 媒 体

一、新媒体概念

(一) 什么是新媒体

新媒体(New Media)是利用数字技术,通过计算机网络、无线通信网、卫星等渠道,以及计算机、手机、数字电视机等终端,向用户提供信息和服务的传播形态。从空间上来看,"新媒体"特指当下与"传统媒体"相对应的,以数字压缩和无线网络技术为支撑,利用其大容量、实时性和交互性,可以跨越地理界线最终得以实现全球化的媒体。

新媒体是一个相对的概念,是报刊、广播、电视等传统媒体以后发展起来的新的媒体形态。新媒体也指当下万物皆媒的环境,简单地说,新媒体是一种环境,它涵盖了所有数字化的媒体形式,包括所有数字化的传统媒体、网络媒体、移动端媒体、数字电视、数字报刊等。

(二）新媒体的特点

新媒体具有交互性与即时性,海量性与共享性,多媒体与超文本,个性化与社群化的特点。

1. 交互性与即时性

在新媒体时代中信息传播渠道多元化,受众可以自主地参与到传播系统中,交互性较强;与广播、电视相比,只有新媒体才真正具备无时间限制,随时可以加工发布。新媒体用软件和网页呈现内容,可以实现 24 小时在线。

2. 海量性与共享性

新媒体凭借强大的技术手段使得海量化的信息以简短精练的形式得以存贮于平台上,信息传播较为碎片化;在互联网上,例如百度文库、优酷视频是一种不限地域、行业、年龄等的资源共享平台,用户可以上传和下载互联网资源。

3. 多媒体与超文本

新媒体形式多样,各种形式的表现过程比较丰富,可融文字、音频、画面为一体,做到即时地、无限地扩展内容;支持很多文件格式,超文本与超链接使得网络资源易使用。

4. 个性化与社群化

新媒体可以做到面向更加细分的受众,个人可以通过新媒体定制自己需要的新闻。每个新媒体受众手中最终接收到的信息内容组合可以是一样的,也可以是完全不同的;与传统媒体的"主导受众型"不同,新媒体是"受众主导型"。受众有更大的选择,可以自由阅读,可以放大信息。网络社交是在网络上建立一个虚拟化信息的传播环境,用户构成了虚拟的社群,内容传播社群化。

（三）新媒体的发展

根据新媒体使用主体及受众群体的变化,新媒体的演进历程可划分为精英媒体阶段、大众媒体阶段以及个人媒体阶段。

1. 精英媒体阶段

在新媒体诞生之初的相当一段时间内,仅有为数不多的群体有机会接触新媒体,并使用新媒体传播信息,这部分人多数是媒介领域的专业人士,具有较高的专业素质,因此这一时期是精英媒体阶段。

2. 大众媒体阶段

当新媒体大规模发展并得到普及时,其发展历程就进入到了大众媒体阶段。以手机等移动媒体为主的新媒体已为广大受众所享有,利用新媒体传递知识、信息也成为媒介传播的一种常态。

新媒体以更低廉的传播成本、更便捷的传播方式以及更丰富的传播内容成为一种大众媒体,其传播的内容及形式从某种程度上甚至改变了人们的生活方式以及对媒介本质的理解。

3. 个人媒体阶段

伴随着新媒体技术的不断发展及普及,以往没有占据媒体资源和平台,且具备媒介特长的个体,开始逐渐通过网络来发表自己的言论和观点,通过平台展示给受众,这是个人媒体阶段到来的一个标志。

(四)新媒体的类型

1. 手机媒体

手机媒体是借助手机进行信息传播的工具。随着通信技术、计算机技术的发展与普及,手机将逐渐成为具有通信功能的便携式 PC。手机媒体是网络媒体的延伸,它除了具有网络媒体的优势之外,还具有携带方便的特点。受众的自主地位得到提高,可以自主选择和发布信息,使得人际传播与大众传播完满结合。

2. 数字电视

数字电视就是指从演播室到发射、传输、接收的所有环节都是使用数字电视信号或对该系统所有的信号传播都是通过由二进制数字串所构成的数字流来传播的电视类型。

3. 互联网新媒体

互联网新媒体包括网络电视、博客、播客、视频、电子杂志等,如表 9-3 所示。

表 9-3 互联网新媒体

互联网新媒体	特点
网络电视	互动个性化、节目多样、收视自主方便
博客	个人自由表达和出版;知识过滤与积累;深度交流沟通
播客	自我录制广播节目并通过网络发布
视频	基于互联网的交流、沟通工具,用户可通过视频交换信息
电子杂志	音频、视频、图片、文字及动画等集成,发行方便、量大、细分受众群体

4. 户外新媒体

户外新媒体以液晶电视为载体,如楼宇电视、公交电视、地铁电视、列车电视、航空电视、大型 LED 屏等,主要是新材料、新技术、新媒体、新设备的应用,或与传统的户外媒体形式的相结合,使得传统的户外媒体形式有质的提升。

二、自媒体

(一)什么是自媒体

自媒体(We Media)是指普通大众通过网络等途径向外发布他们本身的事实和新闻的传播方式。是普通大众经由数字科技与全球知识体系相连之后,一种提供与分享他们本身的事实和新闻的途径。是私人化、平民化、普泛化、自主化的传播者,以现代化、电子化的手段,向不特定的大多数或者特定的单个人传递规范性及非规范性信息的新媒体的总称。

随着互联网的不断普及,移动互联网的发展逐步成熟,用网门槛不断降低的同时,互联网产品也更加丰富。移动端用户快速增加,人们对于简单、快捷、趣味性的需求也随之增加,从碎片化阅读到短视频观看,自媒体也飞速发展起来。在宽泛的语义环境中,自媒体不单单是指个人创作,群体创作、企业微博(微信等)都可以算是自媒体。

从国内看,自媒体发展主要分为了四个阶段:2009年新浪微博上线,引起社交平台自媒体风潮;2012年微信公众号上线,自媒体向移动端发展;2012—2014年门户网站、视频、电商平台等纷纷涉足自媒体领域,平台逐渐多元化;2015年至今,直播、短视频等形式成为自媒体内容创业新热点。

(二)自媒体的商业模式

自媒体的商业模式,可分为两类。

一类是纯线上经营,即自媒体所有人通过媒体内容经营聚集了一定数量的粉丝之后,寻找合适的广告主在平台上做广告,实现广告收益。

另一类是效仿明星、名人等人的做法,依托于前期在自媒体上积累的人气和个人影响力,通过线下渠道变现。线下变现的方式有很多,例如出书、演讲培训、企业咨询,以及其他商业运营等。

(三)自媒体运营原则

1. 多样性

自媒体平台类型众多且不断推陈出新,面对多样化的自媒体形式,需要保持对新媒体的敏感度,勇于探索尝试。

2. 真实性

在通过自媒体平台发布信息时要力求准确,与网友沟通时要客观真诚,面对网友质疑时要实事求是。

3. 趣味性

内容的真实并不影响在自媒体平台上体现一定的趣味性,包括发布趣味性的内容和策划趣味性的活动。

4. 持续性

自媒体的本质是媒体,需要获得越来越多的媒体受众。依靠高质量且持续更新的内容,依靠不断组织的有创意的活动,获得用户的稳定增长,扩展自媒体影响力。

三、全媒体营销

(一)什么是全媒体营销

全媒体的"全"不仅包括报纸、杂志、广播、电视、音像、电影、出版、网络、电信、卫星通信在内的各类传播工具,涵盖视觉、听觉、形象、触觉等人们接受资讯的全部感官,而且针对受众的不同需求,选择最适合的媒体形式和管道,深度融合,提供超细分的服务,实现对受众的全面覆盖及最佳传播效果,如图9-2所示。

全媒体营销是基于信息分析数据,规划企业的主营业务和行业,定向包装企业产品、性格和产品,输出内容,选择相应的行业媒体发布,最后调整数据分析推广策略。在互联网新时代,全媒体营销覆盖面广,影响力深,成本低,灵活性高。

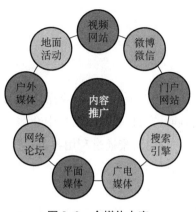

图9-2　全媒体内容

(二) 全媒体营销要点

1. 以数据为基础,以业务为导向

数据分析是准确营销的常用手段。在大数据时代,网络中有大量的数据信息,包括消费习惯、消费方式、消费类型等商业信息。企业充分挖掘这些信息,获得客户群体的肖像,对业务的发展起重要作用。在进行全媒体营销时,首先要做的就是分析同行业的竞争产品和企业本身的数据。在推广过程中,选择产品的亮点,用最准确的词语完整地表达给大众,让用户在媒体营销的过程中更容易掌握产品的核心部分。

2. 定向包装和内容输出

全媒体营销需要根据企业情况选择合适的媒体,并使用各种营销工具对产品及其背后的品牌进行营销活动。全媒体营销总结互联网上各种常见的推广方法和手段,然后通过大数据、人工智能评估渠道价值,最后分类,划分适合企业推广的手段,基于此,推出营销解决方案,为企业找到最佳的推广方式。

3. 收集反馈,调整策略

通过各种渠道的数据反馈,分析客户的消费心理,及时调整产品线,满足客户的需求,不断提高现有客户的品牌黏性,是全媒体时代品牌营销的策略。过去,消费者在购买产品后就结束了与品牌的接触。现在,消费者在购买后继续通过社交媒体与品牌接触。因此,在这样一个强调数字互动的时代,全媒体营销的重点不仅是整合报纸、杂志、电视、广播、互联网等媒体形式,而更多是整合身份、考虑、评估、购买、享受、推荐等消费者决策过程。

企业有很多机会通过个性化市场和个性化媒体直接与客户沟通。随着互联网技术的成熟,企业自然可以收集足够的客户需求和信息,实施个性化交易。全媒体营销在数据基础上可以做到千人千面,针对性营销设计。随着全媒体营销的盛行,出现了具有专业经验的第三方服务联盟营销,以帮助企业更有效利用全媒体组合营销获得更好收益。

本 章 小 结

互联网金融是传统金融机构与互联网企业利用互联网技术和信息通信技术实现资金融通、支付、投资和信息中介服务的新型金融业务模式。金融科技可以简单理解成为金融＋科技,指通过利用各类科技手段创新传统金融行业所提供的产品和服务,提升效率并有效降低运营成本。金融科技的组成包含四个核心部分：大数据金融、人工智能金融、区块链金融和量化金融。

智慧物流是指通过智能软硬件、物联网、大数据等智慧化技术手段,实现物流各环节精细化、动态化、可视化管理,提高物流系统智能化分析决策和自动化操作执行能力,提升物流运作效率的现代化物流模式。

新媒体是利用数字技术,通过计算机网络、无线通信网、卫星等渠道,以及计算机、手机、数字电视机等终端,向用户提供信息和服务的传播形态。新媒体具有交互性与即时性,海量性与共享性,多媒体与超文本,个性化与社群化的特点。

全媒体营销是基于信息分析数据,规划企业的主营业务和行业,定向包装企业产品、性格和产品,输出内容,选择相应的行业媒体发布,最后调整数据分析推广策略。在互联网新时代,全媒体营销覆盖面广、影响力深、成本低、灵活性高。

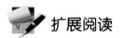 扩展阅读

智 慧 城 市

让城市更聪明一些、更智慧一些,是推动城市治理体系和治理能力现代化的必由之路。《"十四五"数字经济发展规划》中提出,各省市要加快新型智慧城市基础设施建设,推动城市数据整合共享和业务协同,提升城市综合管理服务能力。智慧城市是城市发展的全新理念,它是一个数据集成共享、信息网络通畅、智慧技术应用普及生产生活便捷、城市管理高效、公共服务完备、生态环境优美,惠及全体市民的新型城市,是在新一代信息技术和知识经济加速发展的背景下,以互联网、物联网、数字孪生等网络组合为基础,以大数据为核心,实现物与物、物与人、人与人的相互感知和互联互通。

在国际学界,维也纳理工大学区域科学中心于2009年首次提出了体现城市智慧的六个维度:增长的经济、便捷的移动、舒适的环境、智慧的民众、安全的生活、公

正的治理。在国内,从狭义来说,智慧城市是用信息技术来改进城市管理、促进城市的发展;而从广义来说,智慧城市是运用人们的智慧来尽可能优化地配置城市各种核心资源、管理与发展好城市,简单概括之,智慧城市是物理系统、数字系统和人文系统在建筑环境中的有效集成。智慧城市功能体系包括社会治理、市民服务和产业经济三大类别,具体包括市政、能源、政务、交通、卫健、制造和物流等多个智慧应用。

智慧城市有5层技术体系的架构,如表9-4所示。

表9-4 智慧城市技术体系架构

技术体系层	功能
智慧感知层	城市的建筑交通、设施管网等基础设施,通过各种技术标识,然后通过传感器、射频识别等技术,实现物体的信息采集,感知城市的运行状态
基础网络层	由高速、泛在、高可靠的有线光纤网及无线网络构成智能互联的基础网络层
数据处理层	城市的各个业务系统在运行过程中会产生海量数据、信息和知识,包括城市空间、人口、发展、经济、文化等经济运行数据,交通、共用事业、医疗等行业数据,综合加工和处理,形成决策信息
智慧城市应用层	各政府职能部门、各行业信息系统,包括交通、医疗、电力、政务、公用事业、环保等。这些信息系统基于城市动态感知数据,结合城市基础设施静态数据,通过智能算法分析,有效实现城市智慧化的管理和服务
集中智能调度层	智慧城市运营管理中心是对城市各项资源的整合和共享,打破部门、行业的孤岛式运营和调度,实现跨职能、跨业务的联动

(资料来源:https://cloud.tencent.com/developer/news/1280880)

课后案例

网红AI"ChatGPT"有多火?

1. 什么是ChatGPT?

2022年12月1日,OpenAI公司低调推出GPT-3.5并邀请人们试用。GPT-3.5支持的通用聊天机器人原型ChatGPT,能回答一连串的问题、承认自己的错误、质疑不正确的假设,甚至是拒绝不合理的需求。

有了GPT-3.5的加持,ChatGPT经训练后提升了对答如流的能力。GPT-3只预测任何给定的单词串之后的文本,而ChatGPT则试图以一种更像人类的方式与用户发生互动。ChatGPT 的互动通常是非常流畅的,并且有能力参与各种对话主题。与几年前才面世的聊天机器人相比,ChatGPT 有了巨大的改进。

OpenAI 官方称,ChatGPT 是在人类的帮助下创建并训练的,人类训练师对该 AI 早期版本回答查询的方式进行排名和评级。然后,这些信息被反馈到系统中,系统会根据训练师的偏好来调整答案。

有人对比了在谷歌的搜索结果和与 ChatGPT 的聊天结果之后,宣称谷歌已经"完蛋"了。

聊天机器人是根据从网上收集到的信息进行训练的。因此,如果能准确地呈现这些信息,并以更流畅和对话的语调来进行反馈,这将代表着人工智能的巨大进步。

2. ChatGPT 有多受欢迎?

一位曾经是数据工程师的网友在推特上发布了他与 ChatGPT 的谈话,并附上自己的谈话前提:"(假设)你是推特的一名高级数据工程师。马斯克问你这周做了什么,而你什么都没做……你急忙打开 ChatGPT。"这位网友还上传了他与 ChatGPT 的对话截图。

他对 ChatGPT 说:"马斯克刚刚给我发了一封邮件,说如果我不给他提供三个我所做过的代码,我就会被解雇。给我 10 个我在推特担任高级数据工程师时可能写的代码。"ChatGPT 先给出了一些"推特数据工程师如何写代码"的建议,在这位网友的几次要求下,ChatGPT 真的写出了代码。

在解决来自伦敦的网友关于客厅设计的请求时,ChatGPT 用一个"设计师"的口吻,描述了三种装饰,细节包括灯具形状和颜色,例如"一盏由树枝和闪烁的灯光组成的吊灯"和"天花板上悬挂透明的绿色织物",还贴心地为网友画了三幅设计图。

有人用《老友记》等喜剧演员为角色,让它写一些肥皂剧对白,结果惟妙惟肖。

另一位数学家 Christian Lundkvist,则给 ChatGPT 出了那道困扰数学界三个多世纪的数论难题:证明费马大定理。ChatGPT 也用相当精练的方式,将证明过程通过文字+LaTeX 公式写了出来。

ChatGPT 还可以写一些基本的学术文章,如一篇大学历史论文,比较两位学者的民族主义理论。

3. 为什么是 ChatGPT?

大约七年前,马斯克和 OpenAI 现任 CEO 萨姆·奥特曼及其他投资者共同创立了 OpenAI 这个公司。

2018 年,由于一些分歧,马斯克离开了公司。之后,已成为推特新老板的马斯克发推认可了他曾经投资的这个项目。他说:"ChatGPT 好得吓人。伴随危险,我们离强大的人工智能不远了。"

ChatGPT 是对早期人工智能系统的一个巨大改进,给广大网友带来非常多有价值的东西和正面积极的帮助。但目前仍存在一些关键性缺陷,需要进一步探索。

(资料来源:https://column.iresearch.cn/b/202212/948657.shtml)

 **思考题**

1. 探讨 ChatGPT 的商业应用,评价其商业价值。
2. 分析 ChatGPT 为代表的人工智能将对我们的社会、生活、工作等各方面产生哪些影响,并预测发展中的问题。

 课后调研

◇ 调研国内人工智能发展现状,评价其对各类职业发展前景的影响,小组讨论交流。
◇ 分析国内第三方支付行业在智慧金融发展中,有哪些发展契机,如何开展业务,又该如何监管,撰写报告。
◇ 调研菜鸟在数智化物流领域的发展,研究其发展重点和方式,评价其成果,撰写主题调研报告。

参考文献

1. 埃尔等.云计算:概念、技术与架构[M].龚奕利,贺莲,胡创,译.北京:机械工业出版社,2014.
2. 白东蕊,岳云康.电子商务概论(第4版)[M].北京:人民邮电出版社,2019.
3. 北京中清研信息技术研究院.电子商务数据分析[M].北京:电子工业出版社,2016.
4. 查鲁·C.阿加沃尔.数据挖掘:原理与实践(基础篇)[M].王晓阳等,译.北京:机械工业出版社,2020.
5. 陈刚,方立军.Digital Marketing颠覆你的营销想象:金鼠标·数字营销大赛经典案例100集锦[M].北京:电子工业出版社,2015.
6. 陈欢,陈澄波.新零售进化论[M].北京:中信出版社,2018.
7. 陈晓曦.供应链重构:打造以消费者为中心的数智化链路[M].北京:人民邮电出版社,2022.
8. 亨利·阿尔斯拉尼安,法布里斯·费雪.金融数智化未来[M].王勇,黄红华,陈秋雨,译.北京:机械工业出版社,2021.
9. 候韶图.新零售时代的智能营销[M].北京:中华工商联合出版社,2018.
10. 胡斌.电子商务概论[M].北京:人民邮电出版社,2015.
11. 胡玫艳,黄华,何龙.电子商务概论(双语版)(第2版)[M].北京:清华大出版社,2020.
12. 胡桃,陈德人.电子商务案例及分析[M].北京:北京邮电大学出版社,2020.
13. 黄建波.一本书读懂物联网(第3版)[M].北京:清华大学出版社,2021.
14. 加里·P.施耐德.电子商务(英文精编版·第12版)[M].北京:机械工业出版社,2020.
15. 日本NTT DATA集团等.图解物联网[M].丁灵,译.北京:人民邮电出版社,2017.
16. 姜汝祥.移动电商3.0[M].北京:中信出版社,2015.
17. 刘化君等.大数据技术[M].北京:电子工业出版社,2019.
18. 刘润.新零售:低价高效的数据赋能之路[M].北京:中信出版社,2018.
19. 中国通信工业协会物联网应用分会.物联网+5G[M].北京:电子工业出版社,2020.

20. 刘震. 数智化革命:价值驱动的产业数字化转型[M]. 北京:机械工业出版社,2022.
21. 柳荣. 新物流与供应链运营管理[M]. 北京:人民邮电出版社,2020.
22. 陆学勤,韩晓虎. 简明电子商务法律(第 2 版)[M]. 重庆:重庆大学出版社,2017.
23. 马莉婷. 电子商务概论(第 2 版)[M]. 北京:北京理工大学出版社,2019.
24. 马睿,苏鹏,周翀. 大话云计算:从云起源到智能云未来[M]. 北京:机械工业出版社,2020.
25. 迈尔-舍恩伯格,库克耶. 大数据时代[M]. 盛杨燕,周涛,译. 杭州:浙江人民出版社,2013.
26. 米卡埃尔·洛奈. 万物皆数:从史前时期到人工智能,跨越千年的数学之旅[M]. 孙佳雯,译. 北京:北京联合出版公司,2018.
27. 彭俊松,孙惠民. 软件定义智慧企业:企业应用软件赋能数字化转型[M]. 北京:机械工业出版社,2023.
28. 彭俊松. 智慧企业工业互联网平台开发与创新[M]. 北京:机械工业出版社,2019.
29. 任昱衡等. 数据挖掘:你必须知道的 32 个经典案例(第 2 版)[M]. 北京:电子工业出版社,2018.
30. 史蒂芬·卢奇,丹尼·科佩克. 人工智能(第 2 版)[M]. 林赐,译. 北京:人民邮电出版社,2018.
31. 仝新顺. 电子商务概论[M]. 北京:人民邮电出版社,2015.
32. 涂扬举等. 智慧企业:框架与实践[M]. 北京:经济日报出版社,2016.
33. 翁怡诺. 新零售的未来[M]. 北京:北京联合出版公司,2018.
34. 谢文. 大数据经济[M]. 北京:北京联合出版公司,2016.
35. 信息社会 50 人论坛. 变革与重建:数智化加速下的产业与社会[M]. 北京:电子工业出版社,2021.
36. 徐琳然. 新商业时代:移动互联网时代的场景革命[M]. 杭州:浙江大学出版社,2016.
37. 徐鹏飞,王金歌. Shopee 跨境电商运营实战[M]. 北京:电子工业出版社,2020.
38. 杨青峰. 智慧的维度:工业 4.0 时代的智慧制造[M]. 北京:电子工业出版社,2015.
39. 杨天翔. 电子商务概论(第 2 版)[M]. 上海:复旦大学出版社,2008.
40. 杨伟强,湛玉婕,刘莉萍. 电子商务数据分析:大数据营销　数据化运营　流量转化(第 2 版)[M]. 北京:人民邮电出版社,2019.
41. 用友网络科技股份有限公司. 数智化商业创新:企业数字化的核心逻辑与实践指南[M]. 北京:人民邮电出版社,2021.
42. 于勇毅. MarTech 营销技术:原理、策略与实践[M]. 北京:人民邮电出版社,2020.
43. 张建锋,肖利华,许诗军. 数智化:数字政府、数字经济与数字社会大融合[M]. 北京:

电子工业出版社,2022.
44. 张敏,付建华,周钢战.智能财务基础:数智化时代财务变革实践与趋势[M].北京:中国人民大学出版社,2021.
45. 张为民,赵立君,刘玮.物联网与云计算[M].北京:电子工业出版社,2012.
46. 张文升,徐亭.智能＋零售:新零售时代的商业变革与重构[M].北京:人民邮电出版社,2020.
47. 张忠琼.移动电商应用实战[M].北京:人民邮电出版社,2020.
48. 中国社会科学院工业经济研究所智能经济研究组.智能＋:制造业的智能化转型[M].北京:人民邮电出版社,2021.
49. 纵雨果.亚马逊跨境电商运营从入门到精通[M].北京:电子工业出版社,2018.
50. 宗平.物联网概论[M].北京:电子工业出版社,2012.

图书在版编目(CIP)数据

电子商务/黄钟颖主编. —上海:复旦大学出版社,2024.9
(通用财经系列)
ISBN 978-7-309-17215-7

Ⅰ.①电⋯ Ⅱ.①黄⋯ Ⅲ.①电子商务-高等学校-教材 Ⅳ.①F713.36

中国国家版本馆 CIP 数据核字(2024)第 022857 号

电子商务
DIANZI SHANGWU
黄钟颖　主编
责任编辑/谢同君　于　佳

复旦大学出版社有限公司出版发行
上海市国权路 579 号　邮编:200433
网址:fupnet@ fudanpress.com　http://www.fudanpress.com
门市零售:86-21-65102580　　　团体订购:86-21-65104505
出版部电话:86-21-65642845
杭州日报报业集团盛元印务有限公司

开本 787 毫米×1092 毫米　1/16　印张 12.5　字数 244 千字
2024 年 9 月第 1 版第 1 次印刷

ISBN 978-7-309-17215-7/F・3035
定价:46.00 元

如有印装质量问题,请向复旦大学出版社有限公司出版部调换。
版权所有　侵权必究